JN124442

ことばをはぐくむ 新装版

発達に遅れのある子どもたちのために

中川信子 著

本書は、1986 年に発行した「ことばをはぐくむ」の新装版です。
新装版の発行にあたり、表現などを一部変更しています。

ぶどう社

新装版発行によせて

　「ことばをはぐくむ」新装版を手にとっていただき、ありがとうございます。この本の初版が出たのは 37 年前のことです。当時勤めていた療育機関の保護者の方たちに「ことばは、専門家の特別な指導を受けないと伸びないわけではありませんよ。毎日のくらしの中に、ほら、こんなにたくさんの題材がありますよ」とお話ししていた内容を、もっと多くの方にも知らせたい！という願いをこめて書きました。

　私自身も子育てまっ最中で、小学生と保育園児の二人の息子を寝かしつけてから、食堂のテーブルで原稿を書いたものでした。

　「『ことばをはぐくむ』、大切に読んでいます」と言ってくださる方もあり、この本は幸せな旅をさせてもらっていると感じていました。

　とはいえ、出版後 40 年弱の間に家族のあり方や社会も変わり、発達障害の概念があらわれ、脳機能の研究も進みましたから、「今」にそぐわない本になっているのではないかとの思いもぬぐえませんでした。いつかは販売中止になることも覚悟していました。

　そんな時、出版社から新装版の提案を受け、久しぶりに全部を読み通してみました。意外なことに、私が今考えていることのほとんどがこの本の中にありました。ちょっとうれしくなりました。

　そこで、あまりにも古びた部分や使われなくなった用語などの小修正のみにとどめた、新装版を出すことにしました。

ただ、意識的に変更した点もあります。以前の版で連発していた「お母さん」「お母さん」を、新装版では極力「親」「親ごさん」ということばに置き換えました。

　子育てを社会全体で応援、といわれるわりには、日本では今なお子育てはお母さんがするものという意識が強く残っていると感じます。ヒトは哺乳類ですから発達初期の母子の結びつきが強いのは事実です。でも、子どもを育てることは社会的な意味をもつ営みであり、家族や周囲の人たちみんなで育てるのが当然、たいへんな思いをお母さんひとりに負わせるべきではない、という願いをこめたことばの変更です。

　参考にした本や掲載した図や表なども古いものがほとんどです。差し替えるには私の力が足りず、また愛着もあるため、あえてそのままにしました。インターネットでたどれば最新の有用な情報が得られる時代になりましたので、お調べいただければと思います。

　初版発行の際には、ぶどう社の故市毛研一郎さんに全面的にお世話になりました。今回の新装版では研一郎さんにかわり市毛さやかさんにたくさんの示唆と励ましをいただきました。「ひとりではない」と思えると人間はがんばれるものだ、と実感しました。
　この本が、すべての子育て中の方たちに「ひとりではない」と思えるための材料を、ささやかに提供できれば幸いです。

2024 年 2 月　中川信子

ことばをはぐくむ　目次

序 章
子どもとひらく「ことば」の世界

真夜中の分娩室　あわただしく動き回る助産師とドクター

ただ無我夢中

痛いとか苦しいと感じる余裕は、もうない

「人間性」だの「人格」なんてものは　どこかにふきとんでしまって

新しい「いのち」を生み出そうとする

ひとつの「いのち」だけが、ここにある

突然、重い荷物から解き放たれたような　虚脱感と爽快感

「よーし」

足もとでドクターの声　２、３秒の間をおいて

「フギャー」と、かん高い動物的な泣き声

「おめでとう！ 坊ちゃんですよ」

鬼のように見えた助産婦さんの体いっぱいの笑顔

あー、たいへんだった

やっとすんだ

でもこれからいったい

どうなるのかしら……

疲れと安心とでボーッとなっていく

壁の時計は４時半

くもりガラスのむこうの空が　うっすらと白み始めている

● 親の思いに心を近づけながら

　ひとりの子どもの誕生は、その時の光景とともに、親の胸に焼きつき、一生消えることのない強烈な印象を残します。親は、子どもの誕生にさいし、限りない夢と希望に胸ふくらませ、子をもつことの責任の重さに身をかたくします。

　誕生にひきつづく昼夜を問わない授乳、おむつの交換。ひと晩だけでいいから、8時間つづけてぐっすり眠りたいと思いながら、おむつの洗濯と授乳に追われ、子どもがだんだん笑うようになってくると、「なんてかわいい」と思い、親の思いどおりにいかなくなると、時々はにくらしいと思い、さまざまな困難や失敗や葛藤、そして大きな喜びと充実感の中で、子どもを育て、自分も育っていきます。

　私自身も二人の男の子を育てる中で、「子をもって知る親の恩」ということばを、なんという人生の真実なのだろうと、いく度思い出したか知れません。

　ST（Speech-Language-Hearing Therapist・言語聴覚士）として、障害をもつ子どもとその親を前にして、私の最初の仕事はその親が子どもによせる思いに、自分の心を近づけようとすることです。

　「出産周辺期に、なにか異常は？」「生まれた時の体重は？」「首がすわったのは？」「はじめてのことばは？」と、型どおりの質問をしながら、「それはたいへんでしたね」「どんなに心配だったでしょう」と声に出さない返事をします。

親ごさんの気持ちと私の気持ちが近づき始めたなと感じられると、親ごさんは、次々話してくれます。

「手のかからない子でした」

「ミルクを飲んで、寝てばかりいました」

「視線が合わないんです」

　親ごさんと私とが、ひとつの接点をつくることができた時には、面接はスムーズで、親ごさんものり出すようにして、私のアドバイスを聞いてくれます。

　が、一方、どんなに時間を重ねても、まわりになにかカチンとした壁があって、どうにも入りこんでいけないばあいもあります。ことばだけがむなしく、部屋の中を漂っているような思いにさえとらわれます。近くに向き合っていながら、ことばを交わしていながら、心を通じ合えないもどかしさに、私はいらだちます。

「ことば、ことば、ことば……。それが一体、なんになる？」

と叫び出したくなるのは、そんな時です。

● 人の気持ちを伝えるもの

「ことば」は、たしかに人間の生活に大きな比重をしめていますが、私たちは、あまりに「ことば」、特に「話しことば」にこだわりすぎてきたように思います。話しことば以外にも、人の気持ちを伝えるものはたくさんあるのに……。

ある幼稚園の父母懇談会。お母さんにくっついてきた、２歳のひとみちゃん。大人しくお母さんのひざの上にいたのが、モゾモゾして床の上におります。

　「あああ、あきてきた。たいくつだ。すこし気晴らししなくっちゃ！」と、ちっちゃな体が言っています。

　向かいにいた別のお母さんが、体の前で手をヒラヒラさせます。「おいでおいで」です。

　ひとみちゃんはニッコリ笑います。「うん。あたし、行くわ」と言うように、両手をひろげて、おばちゃんのほうに、トコトコトコ。

　おばちゃんは、きれいな模様のついたティッシュを一枚、ひとみちゃんに渡します。

　ひとみちゃんは、クルリと自分のお母さんのほうをふり向いて、トットコトットコ。ティッシュをにぎりしめて。

　「これは、とっても大事なもの」

　そして、お母さんにティッシュを見せます。「これ、あのおばちゃんにもらった。きれいねえ。うれしいな」と、その目がお話ししています。

　お母さんは、目を大きく見開いて、ニッコリ笑います。「そうなの。きれいねえ。ティッシュいただいて、よかったわね」

　そして、向かい側のお母さんに目を向けて、ニッコリ笑って、頭を下げます。「どうもありがとうございました。おかげで、ひとみの気がまぎれて、助かります」

　向かい側のお母さんも、ちょっと頭を下げて、ニッコリ。「いいえ、どういたしまして」

このやりとりの間じゅう、ひとみちゃんも、ひとみちゃんのお母さんも、ティッシュをくれたお母さんも、ひとことも口をきいたわけではありません。でも、目の動き、体の動き、手の使い方が、ことばよりも雄弁に、その人の気持ちを語ってくれていました。

もし、誰もかまってくれなかったら、どうでしょう？

ひとみちゃんはきっと、部屋のすみっこのほうに行って、ブロックでも出してひとり遊びを始めたことでしょう。そして、さっきのような豊かなやりとり——話しことばという形こそとりませんでしたが——は、行なわれなかったにちがいありません。

● 大人と子どものかかわり合いの中から

ことばは、人と人とのかかわり合いの中で成立します。それは、発達に遅れのある子どものことばについても同じです。

大人のほうだけが、「育てるぞ」と気負いこみすぎてもうまくいかないし、逆に、子どもが伸びようとしている時に、大人の反応が乏しくては、伸びるはずの芽も枯れてしまいます。

これまでも、「ことばを育てるためのじょうずなことばかけ」や「ことばを育てるための望ましい接し方」などについて、たくさんの示唆がなされてきました。

でも、その多くは、《大人＝育て導く側、子ども＝育てられ導かれる側》という既成の枠組から離れられずにいるように思います。

そうではなくて、大人が子どもの伝えようとする表情や身ぶりをよく見ること、大人が子どもの言おうとすることをよく聞くこと（話しことばもそれ以外も）、そして、大人が子どもとじっくりつき合うことによって、はじめて大人と子どもとの間の関係が成立し、ことばが成り立つためのスタートラインに立てるのではないか、と私は思うのです。

　「言語訓練」とか「言語指導」というと、子どもに絵カードを見せながら、「リンゴ」などと教えている場面を想像する方が多いのではないでしょうか。それもたしかに、言語訓練の一部ではありますが、ほんとうに大事なのは、大人（親あるいは先生）と子どもとのかかわり合い、関係の中でのことばです。

　そのためには、大人の側が、子どもの「ことばにならないことば」を読みとる力、子どもの気持ちを受けとめる力を、どのくらいとぎすますことができるかが、とても大切です。

　また、子どもの気持ちに合わせてことばかけをする練習、ことばを選ぶ練習、自分の発することばを客観的に見る練習も、必要です。

　子どもの中にことばを育てようとするなら、大人もことばに対する自分の感度を高めるように、たえず努力をしなければなりません。

● 大きくなった子どもたちから学ぶ

　このところ、小学生、中学生に会う機会が増え、彼らや、その親ごさんたちのありようから、いろいろなことを教えられています。

字が読めて書けるけれど、がまんする力が弱くて、授業中でもパーッと教室から出て行ってしまう、A君。

　能力的には恵まれていると思われるのに、非常に気が散りやすく、集中力がない、Bちゃん。

　親ごさんの話をうかがうと、ふとんをたたむとか、自分の脱いだ服を片付けるといった基本的なことさえ、なにひとつやらせたことがないといいます。これで世の中に出た時に通用するのかしら？と、つい心配になります。

　一方、障害はかなり重いのに、ひとりでおつかいにも行けるし、毎日の食後の皿洗いを日課にしているという、C君。

　言語検査に対する反応が着実で、私の言うことを注意して聞いているようすがわかります。これなら大丈夫と、私は安心します。

　C君のお母さんが、おっしゃいました。「発音がはっきりしないんで、人に伝わらないことがあって、時々、かわいそうになることもあるんですけど……でもね、自分の身のまわりのことが、自分でできるってことは、本人にとって、大きな自信になってるようです。私らがいなくなった時に、この子が、全部自分でやっていくのは無理としても、他人の手を借りることが、なるべく少なくてすむようにしといてやろうと思って、今までやってきました。お皿洗いも、毎日やっているせいか、手先がずいぶん器用になってきました」

　自閉的傾向がかなり強く、遅れも重いと思われた、Dちゃん。

　親ごさんが、毎日の散歩やマラソン、ボール投げなどの運動や、

ふとんたたみ、お皿ふきなどを、根気強くつづけてきたお子さんです。落ちついていて、人の言うことを注意して聞くことができます。

　親ごさんは、「簡単な料理なら、作れるようになったんですよ。先生、ほんとに、人間、ことばだけじゃないですね。大事なのは」と。

　Ｄちゃんが幼かったころ、赤と青の色の区別ができるとかできないとか、四角と丸の中をぬりつぶせるとか、ことばはどうやったら出るだろうかとか、かなり細かいところで焦っていたこともある親ごさんです。

　あのころ、「ことばが出ることだけを急がないでください。十分な運動とか、バランスのとれた食事とか、友だちの中で遊ぶことなどが、今は、大事な時期ですよ」と話しても話しても、疑いのまなざしで見られたものだったなあと、感無量です。

● 「ことば」と「生活力」

　「ことばと、生活力とだったら、どっちをとる？」と聞かれたら、私は、迷わず答えるでしょう。「ことばも生活力も両方」と。「今日のお弁当は、からあげとハンバーグと、どっちがいい？」と聞かれた子どもが、必ず「からあげとハンバーグと両方！」と答えるように。

　でも、重ねて、「どうしても、どっちかひとつしか選べないんだったら、どうする？」と問われたら、私は、「生活する力」のほうをとるでしょう。

よく聞く話があります。週に一回、「言語訓練」に通っている子どもがいます。カードを見せると、「バナナ」「リンゴ」などと答えられます。カードを見て、「男の子がバナナを食べている」と答えることができます。

　が、ためしにチラシを切りぬいて作った「バナナ」のカードを見せたら、なんにも答えられません。実生活でも、「バナナ食べたい」と言うこともありません。

　特定の条件、特定の場所でわかるということは、もちろん大切なことですが、それだけでは、日々生きていくための力は身につきません。

　それよりは、毎日規則正しい生活をし、体を動かし、身のまわりの始末やおうちの手つだいをきちんとするなどの基礎的な力を育てる中で、わかることばをしっかり増やすことのほうが大切です。

　わかることば、わかることがらが増えてきて、ある時、ことばを言うことができたら、それこそ、ほんとうに地に足のついた、ことばだと思うのです。

● 下から積み上げ、上から引っぱり上げる

　基礎が大事と、くり返しました。でも、だからといって、基礎づくりだけをやっていればいいとは思いません。

　基礎づくりを重視して、運動、生活圏の拡大、十分な遊び、生活上の決まった仕事の遂行などをやりながら、一方では、注意持続時

間の延長をはかったり（いやいやながらでも、一定時間、机に向か
って座って、ある課題をやりとげるなど）、認知、弁別的課題を行な
う（ビーズを色別に分けるとか、型はめをやるなど）ことも、大事
だと思います。

　基礎づくりを、下から積み上げる仕事だとすれば、後者は、綱を
たらして引っぱり上げる仕事だといえるでしょう。狭い意味での
STの守備範囲は、この「綱をたらして引っぱり上げる」ほうに属
しているように思います。

　綱の太さを変えたり（教材の工夫）、綱のたらし方を変えてみて
（教材の提示方法の工夫）、すこしでも子どもがつかまりやすいよう
にして、ソロリソロリと引っぱり上げます。

　綱一本の助けだけで、無事に上の階にまでたどりつける子どもも
います。

　でも、綱の長さが足りない子には、綱のほうの手直しをするだけ
でなく、足もとに積んだ段を、もうひとまわりがんじょうなものに
し、もう一段高いものにするような、基礎からの見直しをすること
も、同時に必要であろうと思います。

● STとして、母親として

　STは「ことばの専門家」です。したがって、「ことばの障害をな
おしてくれる先生」と思われがちです。

特に子どもの障害に気づいてから日も浅く、子どもの年齢も小さくて、「うちの子は遅れてはいない。ことばさえ出れば、ふつうの子になるはずだ」と、祈りにも似た思いでいるお父さんやお母さんは、とても大きな期待をSTによせます。

　けれども、「ことば」は大脳の中でも最も高次の機能に属するだけに、むずかしい問題で、いくら「専門家」のSTでも、なおすことのできる言語障害はきわめて限られています。かけられる期待が大きいだけに、私は自分のできることの小ささに身を縮めたくなります。そんな時に、いつも思い出すことばがあります。

To Cure Sometimes.To Relieve Often.To Comfort Always.

（障害・病気を）治すことは、たまにしかできない。

軽減することなら、しばしばできる。

慰め励ますことは、いつでもできる。

（『死をどう生きたか』日野原重明著、中公新書）

　子どもも、親も、先生も、ある意味では、「死」という運命に向かって同じ時代を分け合いながら生きている、つかの間の仲間です。

　たぶん、私にできるたったひとつのことは、教えることでも、指導することでもなく、障害をもつ子どもたちやその親ごさんたち、先生たちといっしょに考え、いっしょに歩くことなのではないだろうかと、このごろ強く感じます。

　さいわい、私にもとりえがあります。それは、私も、ありふれたひとりの母親だということです。子をもつ親であるという一点で、読者の皆さんと結び合い、いっしょに歩いてみたいと思います。

第 1 章

心を育て、
ことばを育てる

1 ことばにこめられた気持ち

● ある日の保育園で

　土曜日の1時ごろ、保育園の庭で遊んでいる子どもたち。おむかえが夕方になる子どもは、もう、ホールでお昼寝し始めています。園庭で遊んでいる「おひるむかえ」の子どもたちも、親ごさんたちがむかえに来るにつれて、だんだん人数が減ってきています。

　中にひとり、泣いている子がいます。あっ、やっと、お母さんが来たようです。クラスの前のテラスから呼んでいます。

　「〇〇ちゃん」

　〇〇ちゃんは、とぼとぼ、お母さんのほうに歩いて来ます。まだ泣きじゃくりながら。そばにいた、親切な男の子が寄って来て、解説してくれます。

　「〇〇ちゃんね、お母さんが来ないって、泣いてたんだよ」

　ちょうど、その場に居合わせた私は、思わず、じっと見てしまいます。お母さん、なんて言うかな？ と。

　お母さんはこう言いました。きつい口調で。

　「なに泣いてんのよ。まだ、お友だち、いっぱいいるでしょ！ お母さんだって、大急ぎでむかえに来たのに！」

　「あーあ」と、私は思います（私もよく、これをやっちゃうのよね、と思いながら）。

案の定、〇〇ちゃんはいっそうはげしく泣きじゃくり（お母さんの顔を見た安心もあるのでしょうけれど）、お母さんはプリプリ怒りながら、子どもを引っ立てるようにして、帰って行きました。

　お母さんには、お母さんなりの言い分があることでしょう。土曜日で特別に仕事が忙しくて疲れていたとか、お昼ごはんがまだで空腹のためイラついていたとか、勤め先の上司に頭を下げて大急ぎで飛んで帰って来たのに、「遅い」と言われてカッときたとか、〇〇ちゃんがいつもメソメソ泣くのがとても気にさわり、もっとシャキッとした子になってほしいと、つね日ごろ思っていた……とか。

　でも、「心を育て、ことばを育てる」という観点から見れば、こんなふうに言ってもらいたかったなあ、と思うのです。

　「ああ、そうだったの。お母さん、遅かった？　待ってたの？　お仕事忙しくてね。なかなか帰れなかったのよ。これでも、大急ぎで来たんだよ。でも、ほら〇〇ちゃん、お友だちまだいっぱいいるじゃない。お母さんが遅いって泣いてる子、ひとりもいないよ。〇〇ちゃんも、この次からは、みんなと遊んで待っててね。遅くなっても、お母さん、必ずおむかえに来るからね」

　もし、こう言ってもらえたとしたら、安心のためいっそうひどく泣きじゃくることになっても、〇〇ちゃんは「引っ立てられるように」ではなく、また、お母さんも「プリプリ怒りながら」ではなく、〇〇ちゃんの肩を抱くようにして、二人で寄り添って帰って行けたでしょう。

● 子どもの気持ちを読みとる

　ことばには、必ず、それにこめられた気持ちがあるはずです。

　「お母さん、うちに、いちご、ある？」

　子どもが聞きます。これは、うちにいちごがあるかないかを問うていると同時に、「いちご食べたいな」という気持ちがこめられています。同じようなことは、あらゆる場面に見られます。

　夜、寝る支度ができたところで、「お父さん、今日は、まだ、本読む時間、ある？」（本を読んでほしいなあ）。

　棚の上の、見慣れない菓子袋に目をとめて、「あれ、なあに？」（中身を見たいなあ。または、食べたいなあ）。

　会話は、ことばのやりとりであると同時に、それにこめられた気持ちを読みとり、心をわかり合う過程にほかなりません。

　大人同士の会話もそうですが、心もことばもこれから育とうとしている子どもに対する時、私たちは、子どもの言外の気持ちを読みとり、受けとめ、ことばを選んで返していくことが必要でしょう。

　「お母さん、うちに、いちご、ある？」と聞かれた時に、「なに言ってんのよ。そんなものあるわけないでしょ！」と頭ごなしに言わないで、「今はないわ。ほしいの？」とたずね、「うん」とうなずく子どもに、「今度、買って来ようね」とか「いちごは、まだ高いから、安くなったら、買おうね」などと答えてあげられたら、どんなにか気持ちがなごむことでしょう。

ことばの表面だけでなく、そこにこめられている気持ちを読みとりわかろうとしてくれる人がいれば、子どもは安心して、この人にはもっとお話ししよう、もっと伝えようという気持ちをふくらませていくことができます。

● 「受けとめる」と「 受け入れる」

　カウンセリング理論に大きな影響を及ぼしているロジャーズの考え方は、いろいろな示唆に富んでいます。ロジャーズのいう「受容的態度」とは、来談者（話し手）の話について「なるほど、なるほど」とよく聞き、関心を示すことによって、来談者の人格を全面的に尊重し、受容する態度のことをさします。

　私流に解釈してみると、聞き手と話し手とは別個の人間である、ということをふまえたうえで、「あなたはそう思ったわけね。なるほど、なるほど」と受けとめることによって、話し手にもっともっと話をさせ、その中で自分自身の問題に気づかせていくことをめざすのです。「フムフム、もっともだ。私もそう思うよ」と、なんでも、同調してしまうものではありません。
　ことばを育てるばあいの受けとめ方についても、ここから、いろいろ教えられます。
　お昼ごはんを好き嫌いしてほとんど食べなかった子が、まだ２時すぎなのに、それらしいそぶりで、「今、何時？」（お腹すいた。おやつほしいな）と言います。

「今は、まだ２時よ。おやつほしいの？」といったん受けとめるとしても、生活リズムの確立、食べものの好き嫌いの矯正などを考え合わせて、「３時まで待とうね」と言うのか、それとも、「今２時よ。もうお腹すいたのね。おやつあげましょうね」と安易に、同調してしまうか。

これは単に、受けとめるか、受け入れるかのちがいだけでなく、親がその子をどういう子に育てようとするのか、つまり、甘やかし、流れにまかせていくことで事足れりとするのか、一つひとつのことをメリハリつけてやりとげていこうとするのか、という、親の人生観、価値観にまで、ひろがっていく問題です。

● ほんとうのやさしさは「受けとめる」ことの中に

人は誰でも、いじわるされるよりも、やさしくされるほうが好きです。やさしくするといっても、孫を甘やかすおばあさんみたいに、なんでも言いなりになるのとはちがいます。それは悪い意味での「完全受容」にすぎません。

やさしさは、なんでもかんでも「いいよ、いいよ」と受け入れ、押し流されていくことの中にではなく、相手の気持ちを受けとめることの中に存在します。

「やさしい」ということの基本は、「自分」と「他人」とはそれぞれに独立した一個の人間である、ということを認識することに始まるように思います。

「あなたが、そういうふうに考えるのはよくわかる」と、相手の立場をいったん受けとめたうえで、「でも、私はこう思う」と、自分の考えを述べることによって、やりとり、対話が成立し、相手の考えも自分の考えも一歩前進するのです。

　ことばを育てる過程は、そのまま子どもを育てる過程です。ことばを育てようとする時、大人はいつも自分自身のことをふり返り、考えることを余儀なくさせられます。
　子どものことばと気持ちをどう受けとめるのか、それに対して自分はどう考えるのか、今のことばかけは適切だったのか、この次にはどうするのか、などなど。
　子どものことばを育てる仕事は、ある意味では、自分が育つための自分とのたたかいなのではないかとすら、思わされることがあります。

　でも、私たちは人間です。いつもいつもコンスタントに、子どもをやさしく受けとめ、育てることなどできません。頭ごなしに叱りつけたり、なんてダメな子だろうと落胆したり、ウキウキと子どもの言いなりになったり、いろいろな浮き沈みがあります。
　そういう浮き沈みの中でも、小手先のことではない基本的な考え方をつかみ、ほんとうの受けとめじょうずになるために、いつも自分を見つめ、自分をふり返ることのできる大人になりましょう。

2 豊かなことばかけを

● 赤ちゃんとワンワン

　1歳すぎくらいの赤ちゃんが、ベビーカーに乗せられて散歩中です。前方を、白い犬が横切りました。赤ちゃんは一瞬、身をのり出すようにして、犬をじっと見ます。そして、犬のほうを指さし、ベビーカーを押している親ごさんのほうを、一生けん命ふり向きながら、「オー！ オー！」と言います。

　そばの垣根の花を見ていた親ごさんは、とっさにはなんのことかわかりません。視線を赤ちゃんの顔にうつし、そのただならぬ興奮のようすを見、赤ちゃんの指さしている方向を見ます。いた、いた。白い犬です。

　「ああ、いたね。ワンワンだ！」

　赤ちゃんの興奮は、まだつづいています。

　「オー！ オー！」

　「ワンワンね。白いワンワン。かわいいね」

　「オー！ オー！」

　「ワンワンちゃん。歩いてるね。あ！見えなくなっちゃった。ワンワン、ナイナイね」

　赤ちゃんは、犬が急に見えなくなったので、キョトンとして、体の動きも止まって、一種の放心状態。やがて、気をとりなおします。

そのようすを見てとった親ごさん、

「ワンワン、ナイナイになっちゃったねえ。また、出てこないかな？　ワンワンやーい。いないねえ。おうちに帰っちゃったのかねえ？」

　ことばの意味は完全にわかっていないとしても、これだけていねいに対応してもらうと、赤ちゃんもわかります。声の調子やイントネーションで、犬の一件は、これで落着と納得できるのです。

　時間にすれば、わずか1分間か2分間のできごとです。見過ごしてしまえば、とるに足らないような生活のひとコマですが、この中に、実は多くの示唆が含まれています。

● 子どもの興味をとらえて

　「豊かなことばかけを」といっても、ただしゃべりつづけていればいいというものではありません。時々、そういう親ごさんに出会います。

　「ヨウちゃん。ほら、自動車よ。ほら、あそこ」「あ、ヘリコプターが飛んでるよ！」「電車が来るよ。ほら、青い線がついてるよ。ゴーッって」「あ、この自転車、ヨウちゃんのと同じね！」

　などなど、のべつまくなしに、口が動いています。一方のヨウちゃんはというと、チラリチラリと親ごさんが指さすものを見てはいるけれど、顔には、「フン！　もうあきあきだ！」と、はっきり書いてあります。

こういう親ごさんを、私たちは「実況放送型」とか「実況中継型」とか言います（失礼！）。

　無反応でムッツリ黙っている親ごさんよりは、ずっといいのですけれど、でも、もうひと工夫して、自分のことばに対して子どもがどう反応するかを、もうすこし詳しく見てほしいのです。

　一瞬表情がパッと明るくなるとか、目がキラッとするとか、親ごさんの言うもののほうをじーっと見るとか、子どもの興味が向けば、必ずなんらかの手がかりがあるはずです。

　その興味をすかさずとらえて、「ヘリコプターってすごいね！」と、感動を共有するようなことばかけをすることが大切です。

　さきほどの白い犬の例でいうと、赤ちゃんが「オー！　オー！」という発声によって、「僕は、まだ、感動してるんだよ！」と、サインを発しつづけている間じゅう、「ワンワン」「白い」「歩いている」などのことばをひとつずつつけ加え、イメージをふくらませながら、ことばで対応し、赤ちゃんの感動を共有し、犬が急に見えなくなったことでの赤ちゃんのおどろきを、体の動きや表情で読みとって、「ワンワン、ナイナイねえ」と、自分もいっしょにおどろいて見せるところなど、この親ごさんのことばかけは、実に適切であるといえるでしょう。

● ものの名前を教えることよりも

　この親ごさんが、もし、「しめた。このチャンスに、『ワンワン』っていうことばを教えよう！」と思ったとしたら、どうでしょう。

　子どもの指さしと「オー！ オー！」に応えて、「ワンワン。ワンワンね。白いワンワン。ワ・ン・ワ・ン。しょうちゃんも言えるかな？ ワ・ン・ワ・ン」とでも言ったのではないでしょうか。で、赤ちゃんは、これ以上親ごさんに、なにかを伝えようとする気持ちを失ってしまったことでしょう。

　ともかく、ものの名前や、色の名前を覚えさせようと気負わないことです。子どもがリンゴを見たり、指さしたりしたら、「リンゴ。赤いリンゴ。リ・ン・ゴよ」と言うだけでなく、「リンゴ、あるね。赤いリンゴね。おいしそうね」と、気持ちを共有し、情感を豊かに話しかけてあげましょう。

　そのためには、美しいものを見たら美しいと思い、おいしがったり、喜んだり、悲しんだり、自分自身がいつも気持ちにゆとりをもって、感情豊かな人間でいることが必要です。ほんとうは、これがいちばんむずかしいことなのですけれど……。

● ゆっくり、はっきり、子どものレベルに合わせて

　大人にとっても、ペラペラ早口で言われるよりも、ゆっくり、はっきり話してもらうほうが理解しやすいものです。子どもにとっては、なおさらです。

　子どもの耳も頭も、大人よりはずっと未熟ですから、音声を処理し、理解するスピードも遅くて当然です。そのうえ、次々と長くつなげて言われては、なんのことかわかりません。

　「あ、白い、かわいいワンワン。歩いていって、おうちに帰ったから、見えなくなっちゃったね」

　1歳すぎの子どもに向かって、こんな話しかけ方をする親ごさんは、まず、いないでしょう。

　いろいろな研究によると、ふしぎなことに、親ごさんの子どもに対する話しかけは、子どもの発達に応じて徐々に、高度に、複雑になっていくといわれます。

　誰に教えられるわけでもないのに、親というものは共通して、自然に、子どもにいちばん適した話しかけをすることができるのです。これは、やはり子どもの反応をよく観察し、子どもと気持ちを共有しようとする、親の側の構えと無縁ではないのでしょう。

　例にあげた1歳すぎの子どもであれば、主なる文は一語。それに少々のつけ足しをして、何度かくり返す。これが妥当なところでしょう。

「ああ、いたね。ワンワン」

「ワンワンね。白いワンワン」

「ワンワンね。白いワンワン。かわいいね」

「ワンワン。歩いてるね」

「ワンワン、ナイナイねえ」

などです。

　もっと幼い段階であれば、子どもが出す声を、そのまままねして出してあげる。そのことを媒介にして、子どもと大人が楽しく遊ぶことができます。

　陽だまりで、「ウックン、ウックン」とごきげんな赤ちゃんに、「ウックン、ウックンですか。ごきげんさんですね」と話しかけ、あやすなどは、その例です。

　「私はもともと早口なので、しかたがない」とおっしゃる親ごさんもいます。「ああしなければならない」「こうしなければならない」づくめでは、息がつまってしまいます。「私はこれでいいんだ」と開き直ることも、時には大切な人生の知恵ですが、こと話し方に関しては、努力によって、かなり改善することができます。

　５分間でけっこうです。子どもといっしょの時のようすを、録音して聞いてみてください。自分の話し方の良い点、悪い点がはっきりわかります。それをもとに、わかりやすく、ゆっくり話すように努力してみましょう。

3 ことば育ては親（先生）育ちから

● ことばに対する感度を高める

　バタバタと、やっとの思いで夕食がすみ、今日一日の行事も終わりに近づいています。子どもたち二人は、今、大はやりのキャラクターグッズで遊んでいます。

　「ちょっと、あんたたち、なにやってんの！ 早くおふろに入らなきゃ、だめでしょ！ ７時半からのテレビに、間に合わないわよ！」と、のどまで出かかったことばをのみこんで、

　「早く、おふろに入りなさいよ。今すぐ入れば、７時半のテレビ、最初から見られるわよ」

　と、私は言ったのでした。しかも、やさしい口調で。

　子どもたちは、「ハーイ！」と、おふろに。

　私は、「我ながらあっぱれ」と自分をほめました。

　え？ この二つの言い方、どこがちがうんですか？ ですって？

　そんなふうに思われる方は、すこし、ことばに対する感度をみがく必要がありそうです。

　子どもとつながるためには、共感的態度をもって子どもに対することが必要です。そして、その共感的態度（「親ごさんは、私のことよくわかってくれてるなあ」と子どもに思わせるような）のあらわ

れが、表情であり、しぐさであり、ことばなのです。

　ことばを育てるためには、自分に言われることば、自分が言うことばに、うんと敏感になって、どういうことば、どういう言い方が快く、どういうことば、どういう言い方が不快かを、いつも考えつづけて、ことばに対する「感度」を高めることが大切です。

　そして、自分が不快と感じることば、言い方の基準をだんだんきびしくしていくと同時に、自分が言われていやだと思うような言い方は、子どもに対してもしないようにしましょう。

　たとえ年齢が幼くても、たとえ障害が重くても、子どもには、親ごさん（先生）が、いつも、ことばを選びながら話しかけてくれる、子どもの気持ちに近づこうとしながら接してくれることは、このうえない喜びにちがいありません。

　そういう態度、配慮につつまれて育つ子どもたちは、きっと、人の気持ちになるのがじょうずな、思いやりのある大人になることでしょう。

● ことばのたし算、ことばのひき算

　ことばは意味を伝えるものであると同時に、気持ちや心を運ぶものだと、お話ししました。その観点から、ことばのたし算、ひき算をやってみましょう。

　「早くおふろに入らなきゃだめでしょ！」という文は、

　早く（状態）＋おふろに入る（内容）＋ 私は怒っているんだゾ（感情）ということです。

したがって、怒りの感情の部分をひいて文章を作るとすれば、単なる「早くおふろに入りなさいよ」になり、それに、ニコニコおだやかな感情をプラスすると、

　「（ほほえみをたたえて）（やさしい口調で）早くおふろにお入りなさい」になります。

　「ちょっと、あんたたち、なにやってんの！」という文は、

　そんな遊びはもうやめなさい＋　私は怒っているんだゾ（感情）の怒りの文にすぎません。

　このような、ことばのたし算、ひき算には、「ことばかけ」の内容を考えていくうえでの、ヒントがかくされているようです。

● 「ダメ」「イケマセン」を言わないで

　「ことばかけが大事といわれますが、具体的には、どんなふうにしたらいいのでしょうか」と、相談されることがよくあります。そんな時、私は、「ダメ、イケマセンという禁止のことばを言わずに、一日をすごそうとしてごらんなさい」と、お話しします。

　「走っちゃだめ！」

　「手づかみで食べちゃだめ！」

　「オシッコ、教えなくちゃだめでしょ！」

　「野菜も食べなきゃだめでしょ！」

　私たちの日常は、ダメダメだらけです。

　「子どもを追っかけ回して、ダメダメと怒っているだけで、一日が暮れてしまうんです。考えてみると、ダメって怒ることだけが、私

とあの子の唯一のコミュニケーションみたいな気がします」と、苦笑いしていた親ごさん。

「ダメ」「イケマセン」は、子どもを一時的に押さえる効果はあっても、ちょっと時間がたてば、すぐに効力を失う、対症療法的なことばです。ですから、簡単に口から出すことができます。

子どもと同じ土俵に入りこみ、子どものやらかす「わるいこと」「いたずら」にくっついて回って、「ダメダメ」「ダメダメ」と制止してさえいればいいのですから。

けれども、人の言うことを聞ける子ども、それぞれの場面で適切な行動がとれる子どもに育てるためには、「ダメ」ではなくて「なにをすべきか」「なにが要求されているのか」を、肯定形の言い方で、具体的に伝えなければなりません。

そして、肯定形で言うためには、「私が、この子にやめさせたい行動はなにか」「その行動のかわりに、この子に望む行動はなにか」ということを、常に頭の中ではっきりさせておかねばなりません。

そのためには、子どもにふり回されずに、子どもに獲得させたいことはなんなのかを、しっかり見きわめ、子どもに一歩先を示すことのできる親（先生）になることが必要です。

それに、ダメダメづくしで、否定的な言い方をするよりも、具体的な指示や願いを伝えることのほうが、話したいと思う気持ちの基礎となる共感性を、子どもの中に育てやすいのではないか、と私は思っています。

ずいぶん慣れて、「ダメ」が減ってきたとはいえ、私もまだまだ奮闘努力中です。

　晩ごはんのおかずの冷奴に、自分でおしょうゆをかけようとしている次男。まだ、完全に自主的判断にまかせるわけにはいきません。なにか、ひとこと注意を与えなくては……。

　「かけすぎちゃダメよ」がいちばん簡単ですが、「ダメ」はだめ。

　「かけすぎないようにね」は否定的な文章だから、気に入らない。

　「ちょうどいいぐらいかけるのよ」といっても、「ちょうどいい」分量って、わかってるかしら？

　「少なめにかけるのよ」かな。「すこしだけ、かけてね」かな。

　今までは、「おしょうゆかけて」と言っていた息子が、せっかく自分でおしょうゆをかけようとしているのです。自分でやろうとする気持ちを尊重しながら、不快でない注意はどれかしら……と思い悩み、決めかねているうちに、あららら、ザーッ！　おとうふのまわりに、まっ黒な、おしょうゆの海です。

　「んもー！　なにやってんのよっ！」と口には出さず（きっと顔には出ていたでしょう）、さりげなく、多すぎたおしょうゆを捨てつつ、「この次は、気をつけて、少なめにかけようね」と、私は言いました。「なにごとも経験」と、心の中でつぶやきながら。

　「ダメ」「イケマセン」を言わないで一日をすごしてみるというのは、至難のわざです。

　「ダメ」と言いかけた時に、「あ、いけない」と思い、私は今、この子にどんな行動を要求しているのかなと、一瞬立ち止まって考え

てみること、そして、ダメのかわりの適切な言い方をさがすことを何度もくり返していくうちに、自然と、子どもの気持ちや、現在の発達段階（どの程度具体的な指示が必要なのか）がよく見えてきますし、自分が発することばをすこし距離をおいてながめることができるようになってきます。

　そして、ふしぎなことに、こういうふうにことばを選んで話しかけることができるようになってくると、子どもの側も、「ダメよ、ダメよ」と言われていたころにくらべて、ぐっと落ちついて、素直に指示に従うようになるものです。

●「ピーマンことば」

　「ピーマン」ってご存じですか？「中身がすっからかん」という意味です。

　つまづいてころんだ子どもに、「なにやってんの！　あんたは！」と言っている親ごさん。ころんで倒れているのは一目見ればわかるわけで、このばあいの「なにやってんのよッ！」は、親ごさんは「怒っているんだゾ！」の意味にほかなりません。

　ころんで痛いうえに、怒られる子どもはかわいそう。「だいじょうぶ？」とか「気をつけて歩こうね」とでも言ってくれるといいのになあ、と思いながら通り過ぎます。

　水道をいたずらして、台所を水びたしにしているＹ君。「コラッ！なにやってんの！」と親ごさん。これもやっぱり、「怒っているんだゾ！」ですね。

「なにやってんのッ！」は、日常、出番の多いことばです。でも、これは迫力はあるけれど、意味的な内容はほとんどない「ピーマンことば」です。

　今度、「なにやってんのッ！」と言いたくなったら、かわりに、「私は怒っているんだゾ！」とか「ピーマン！」と言ってみてください。思わず、苦笑いしてしまうことでしょう。

　そして、その次からは、ダメ、イケマセンの時と同じように、「なにやってんのッ！」のかわりになんと言えばよいのか、ことばを選ぶ練習をしてみませんか。

● 大人の側の「言語訓練」を

　ことばを選ぶ練習、自分の発することばを客観的に見る練習、子どもの気持ちに合わせてことばかけをする練習、ことばをゆっくり、はっきり話す練習……これが、大人の側の「言語訓練」です。

　幼い子や障害の重い子のばあい、子どもを直接に指導するよりも、まわりの大人のことばの質を見直すような「訓練」のほうがずっと大切だ、と私は思っています。

　そのわけは、「ことば」の見直しをきっかけとして、大人の子どもに対する見方、かかわり方が大きく改善され、共感的関係、わかり合おうとする関係に発展することが多いからです。

　「ことば育ては、親（先生）育ちから」と、くり返し申し上げておきます。ことばは、人と人とのよき相互関係の中でのみ育つのですから。

第 2 章

脳のはたらきと
ことば

1 ことばのメカニズムと脳の役割

● 「ことば」とは

「ことばとはなにか」という問題については、さまざまな立場から多様な考察がなされています。それぞれの立場によって、「ことば」とみなす範囲が異なりますし、分類のしかたも千差万別です。

「話しことば」と「書きことば」という分け方があります。これに「手話」や「身ぶり言語」を加えるばあいもあります。

「情動的ことば」（ヘビを見て「キャーッ」と言う）と「知的ことば」（「これはニシキヘビだ」と言う）に分けるばあいもあります。

「シグナル」（信号）、「インデックス」（標式）、「シンボル」（象徴）に分けて考えるばあいもあります。

「思考の道具としてのことば」「コミュニケーションの道具としてのことば」「人を動かす道具としてのことば」（「オンブ」と言うことによって、親ごさんにオンブしてもらえる）、「感情の表現としてのことば」（自分の気持ちを抑揚や語調によって表す）、に分けて考えるばあいもあります。

この本で、私は、「ことば」を「話しことば」だけに限定せず、もっと広い範囲のことを含めてとらえてきました。ことばは、人間の生活、子どもの発達に、全体として関係しており、細かく分類して

考えるとかえって全体像が見えにくくなるように思うからです。

けれども、ことばのメカニズムをわかりやすく説明するために、ここでは、ことばを大きく二つに分けてみます。

ひとつは、「Language」（言語）です。これは、脳の中で行なわれるさまざまなプロセスを中心とする、「話したいことの中身を、頭の中で考えるしくみ」とでも説明できるでしょう。

もうひとつは、「Speech」（音声言語）です。これは、音声を手段として用いる話しことばのことで、耳で聞くことができますし、その音声産出のプロセス（口や唇を動かすこと）の一部は、目で見ることもできます。

英語では、このように区別できるのですが、日本語には、残念ながらこれにあたる用語が見つかりません。このあとの説明の中で、特に必要なばあいには、「Language」「Speech」という横文字を併記しますので、この二つのちがいを心にとめておいてください。

● ことばの鎖

私たちがことばを話す時に使うのは、どこでしょう？　口、唇、舌、あご。そうです。これらの部分は目に見えて動きます。これらが、話しことば（Speech）を産出するための実行器官といえるでしょう。

けれども、これらの諸器官も、「動け」という指令なしには動けません。私たちは、ふつう、その存在を感じることができませんが、ことばを話す時にさまざまな指令を出す大親分、それが「脳」です。

脳は話したいことの内容（Language）を考え、その内容に対応することばを選び出し、そのことばを構成する音を配列し、その音を発音するために適した動き方をするように、口や舌の筋肉に指令を出します。脳はまた、他の人の言ったことばを聞きとり、その内容を理解するためのはたらきも受けもっています。

　《話し手が脳を使って考える→話し手がことばを発する→ことばの音波が空気中を伝わる→聞き手がことばを耳で聞く→聞き手が脳でことばを理解する→聞き手が今度は話し手になる→》といった連続的なはたらきは、「ことばの鎖」（Speech Chain）とよばれます（図－1）。

　図の中の「フィードバックの環」とは、自分で自分の言うことばを聞いて、音の大きさとか声の質、発音のまちがいなどを常にチェックして、正しいことばで話そうとするはたらきのことです。

　ここでは、ことばの大親分である脳についての基本的なことを学びながら、ことばについて考えていきましょう。

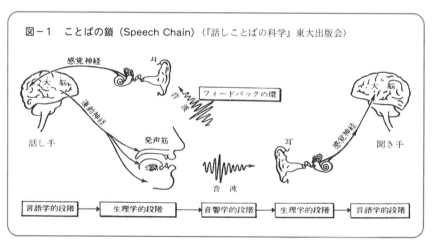

図－1　ことばの鎖（Speech Chain）（『話しことばの科学』東大出版会）

2 大脳の言語野のはたらき

● 大脳のしくみ

　私たち人間が、らくらくとことばを使いこなせるのは、よく発達した大脳のおかげです。人間の脳は、いくつかの部分から成り立っており、大脳はそれらのいちばん上にのっています。

　大脳は、二層に分けられます（図−2）。たとえていえば、あんこでくるまれたおはぎみたいなものです。外側のあんこの部分は「大脳皮質（灰白質）」とよばれ、脳細胞がぎっしり並んでいます。脳細胞は、いわば豆電球にたとえられます。

　豆電球は目や耳や手足など体中から送られてくる刺激を受けとって、チカチカと点滅します。

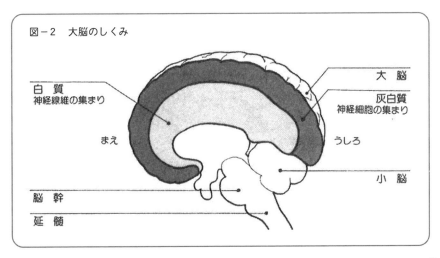

図−2　大脳のしくみ

白　質
神経線維の集まり

まえ

脳　幹

延　髄

大　脳

灰白質
神経細胞の集まり

うしろ

小　脳

おはぎの中のおもちの部分は、「白質」とよばれ、神経線維が束になっています。神経線維は、それぞれの豆電球やスイッチに接続している電線にあたります。

　豆電球は、手の小指用、薬指用、中指用というふうに、体の各部分と対応しながら、規則性をもって並んでいます（図-3）。

　指や顔、唇や舌に対応する部分は、大脳皮質の中でも広い範囲をしめ、ごく細かい刺激を感じたり、微細な動かし方をすることを可能にしています。

　足の人差指（?）には、せいぜい「痛い」とか「曲げる」とか「伸ばす」など、いくつかだけですみますが、手の人差指には、「曲げる」ことひとつをとってみても、「えんぴつを持つために曲げる」「ボタンをはめるために曲げる」「かゆいところをかくために曲げる」など、何十通りもの曲げ方があります。

　そのため、手の人差指に関連する豆電球は、何千個も何万個も必要になります。

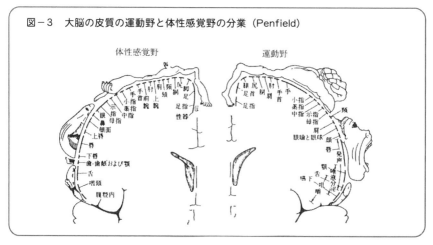

図-3　大脳の皮質の運動野と体性感覚野の分業（Penfield）

● 大脳の言語野と失語症

　大脳の中で、ことばをつかさどっている部分を「言語野」といい、さらに、この言語野は「ブローカ中枢」と「ウェルニッケ中枢」の二つに分けることができます（図−4）。

　脳血管障害（脳の血管が切れたり、つまったりすること）や頭部外傷によって、大脳の言語野の機能が損傷されたためにおこることばの障害が、「失語症」です。
　人生途上で、失語症に見舞われた患者さんたちの言語症状の研究を通して、大脳の言語野とそのはたらきについて、いろいろなことがわかってきました。
　Aさんに、電話の絵カードを見せて、「これは、なんですか？」とたずねてみます。

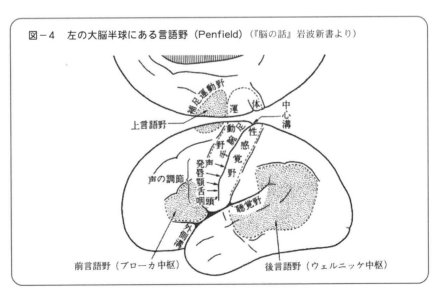

図−4　左の大脳半球にある言語野（Penfield）（『脳の話』岩波新書より）

「えーと、あのー、こう（と受話器を耳にもっていく身ぶり）、えーと、メ、メビ、ベモ……」

「で、で？」

「デ、デ、デンワ！　でんわです！」

　Aさんは、言われていることを聞いて理解することができ、答えようとすることの中身もわかっているのに、そのことばが出てきません。Aさんは、ブローカ中枢とよばれる部分が障害されているのです。

　今度は、Bさんの前に4枚の絵カードを並べて、「電話はどれですか？」とたずねてみます。

「えーと、よくわかんないなあ。電話はとても大切で、いつも家に電話はかけてるんですけど。あれは、とっても便利なものですね」と、いくらでも話しつづけます。

　いろいろなことを流暢に話せるのに、自分に言われていることがよくわかっていません。Bさんは、ウェルニッケ中枢とよばれる部分が障害されているのです。

　失語症の典型的な例をあげましたが、失語症の症状としては、他にもいろいろなものがあります。

　メガネを見せられて「テレビ」と言ったり、コップのことを「プンバ」と言ったりするような状態。

　発語に関係する周辺の筋肉そのものにはマヒも異常もないのに、発音がはっきりしなかったり、モミジのことを「ミミジ」「ノミミ」「モジジ」などと言ってしまったりするような「構音障害」。

テニヲハがうまく使えなくなる「統語障害」。

耳はちゃんと聞こえているのに、まわりで話されていることがまるで外国語みたいで理解できない「聴覚理解の障害」。

言われたことをまねて言うことができない「復唱障害」。

文字の読み書きや計算ができなくなるような障害。

大脳の障害の部位や広さ、深さのちょっとしたちがいによって、これらの症状が、重症・軽症を含めたさまざまなバリエーションで出現します。

脳の画像を見るための技術が急速に発達したおかげで、大脳言語野の障害部位の場所や範囲、脳のはたらき方を明らかにすることができるようになってきました。そのデータと、患者さんの示す言語症状とを重ね合わせることによって、大脳が、言語に関しても役割分担してはたらいていることが、かなりはっきりしてきています。

失語症とわかったら言語訓練を行ないます。その訓練のようすは、テレビなどでごらんになったこともあるでしょうが、たいていは、机に向かい、絵カードなどを使って「メガネはどれですか」とたずねて指さしたり、「これはなんですか」とたずねてそのものの名前を答えたり、字を読んだり書いたり、言語療法士の言うことばをまねて言ったりするような、一対一での「勉強」が中心です。

訓練によって、ことばの障害が大幅に改善するばあいもありますし、あまり目に見える進歩がないばあいもあります。

● 失語症と子どものことばの障害

　こっちの言うことはだいたいわかっているようなのに、ことばが言えない。コップのことを「ポック」と言う。わけのわからないおしゃべりばかりしている。私たちのまわりにいる子どもたちにも、あてはまることばかりです。

　この子たちも、きっと失語症なんだわ！　と思う方がおられることでしょう。でも、それはちがうのです。

　「失語症」という用語は、障害が言語面だけに限定されているばあいにしか使いません。私たちが出会う子どもたちは、精神発達の遅れや対人関係、外界への反応形式の障害をまずもっており、ことばの障害はそれにともなってあらわれているのですから、失語症ではありません。

　失語症のばあいは、（図−5）のように、できあがった1本の木（人間）の先端部（ことばの能力）だけがしおれたり、枯れたりしてしまったようなものですから、その部分だけを集中的に手当て（言語訓練）します。

　それに対して、ことばの能力が十分でない子どもは、根も幹も全体的に細く、弱々しい木にたとえられるでしょう。根も幹も弱いのですから、十分に枝を張ることができず、そのために先端部分の葉っぱ（ことばの能力）の発達が未熟になっているのです。

　こういうばあいは、絵カードを使ったり、読み書きを練習したりという、失語症の言語訓練と同じような方法で指導するだけでは効

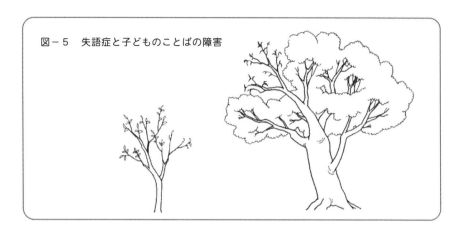
図－5　失語症と子どものことばの障害

果は望めません。

　それは、枝の先のほうに1枚ずつ葉っぱをつぐ（接ぐ）ようなも
のだからです。10枚のうちの1枚くらいは、うまく根づいてくれる
かもしれません。つまり、一見ことばが増えるように見えるかもし
れません。

　けれども、そのことが木そのものをより太く、よりたくましく育
てることにはつながりません。ほんとうにその子どもの力となるこ
とばを育てるためには、ことばの葉をしげらせる木の根っこをしっ
かり張らせ、幹を太く、枝を多く出させるようなはたらきかけをし
なければなりません。

　子どものことばの能力を向上させるためには、全体発達をうなが
すような総合的なはたらきかけこそが、最も効果的なのです。

● 刺激は脳の栄養

　脳のはたらきの話に入る前に、人間の脳が生まれてからどう発達していくのかについて、簡単にふれておきましょう。

　人間の脳細胞（豆電球にあたる）は、生まれる時にセットされています。その数は、生後大幅に増えることはありません。
　一方、それにつながる電線のほうは、はじめはなんともなさけない、ヒョロヒョロの状態です。それが生後3カ月たち、1年たちするうちに、電線はあちこちで枝分かれし、密な連絡網をつくりあげていきます（図－6）。

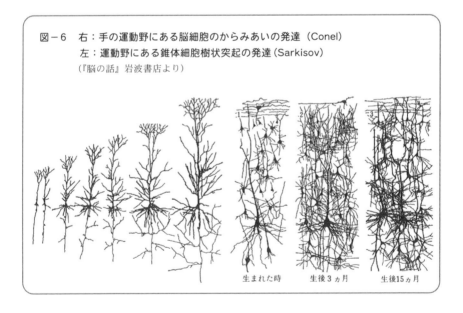

図－6　右：手の運動野にある脳細胞のからみあいの発達（Conel）
　　　　左：運動野にある錐体細胞樹状突起の発達（Sarkisov）
　　　　（『脳の話』岩波書店より）

生まれた時　　　生後3ヵ月　　　生後15ヵ月

　これが、脳の発達ということです。

配線が密になり、電線が太くなるにつれて、脳は細かい複雑なはたらきを、スピーディーにやってのけるようになります。

　脳の中の配線は、音の聞こえないまっ暗やみの中でじっと寝ていても、いつのまにか、どんどん完成していくというわけにはいきません。末端からの刺激（抱き上げられる、ゆすぶってもらう、肌と肌の接触、いろいろなものが見える、話しかけてもらう、などの）が脳に送りこまれると、あちこちの場所で豆電球がチカチカと明るくまたたきます。その光をたよりに、配線工事が進められていくからです。

　「見たことのないものの名前はわからない」「聞いたことのないことばは理解できない」のは、この配線ができていないためです。

　私たちでも、「ニイハオ」が中国語の「こんにちは」だとは知っていても、「シェムスー」がなにを表すかを知りません（アラビア語の「太陽」）。聞いたことがないからです。

　ことばと同様に、いろいろなことやものを、味わい、さわり、動かす、そして見たり聞いたりすることなしに、自分の体の成り立ち、自分と外界とのかかわり、自分のまわりで話されていることばに対する理解を深め、脳の配線を進めていくことはできません。

　「十分に体を動かすこと」「話しかけ、相手になってあげること」「実地に経験させること」の大切さは、ここにあります。「刺激は脳の栄養である」といわれるゆえんです。

3 大脳を支える土台

● **大脳だけでははたらけない**

　大脳を使ってことばを理解し、話すための前提条件のひとつは、「生きている」ということです。死んだ人がものを言わないことを思い出せば、すぐにわかりますね。

　もうひとつの条件があります。あまりに過大な情動（快、不快、恐れ、怒り）に支配される時、人間はことばを話すことができません。「怒りのために、ものも言えずにブルブルふるえた」とか、強盗に刃物をつきつけられたら「命だけはお助けを」と言おうとかねがね決めておいても、その場になったら、「アワワワワ」と言うばかり、とかいった例は枚挙にいとまがありません。

　これらのことから、人間の脳は大脳（高次の脳）だけで単独にはたらくことはできず、常に「生きること」「情動のはたらきがスムーズであること」を土台にしていることがわかります。

　「脳」というのは、「大脳」だけではありません。「中脳」「小脳」をはじめ「視床」「橋」「延髄」など、多くの部分から成り立っています。多くの部下に支えられているという点で、大脳は会社の社長のようなものだといえるでしょう（図−7）。

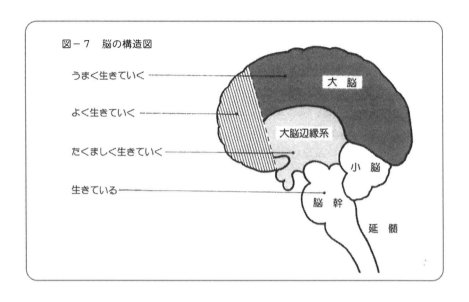

図-7　脳の構造図

うまく生きていく ----------
よく生きていく ----------
たくましく生きていく ----------
生きている ----------

大　脳
大脳辺縁系
小　脳
脳　幹
延　髄

● 脳幹＝脊髄系のはたらき

　下位脳である「脳幹＝脊髄系」（脳幹には、視床・間脳・中脳・橋・延髄を含む）から見ていきましょう。人間や動物は、「生きている」状態を保つために、どんなことをしているでしょうか？

・呼吸して酸素をとり入れ、炭酸ガスを排出します。
・体温を一定に保ちます。
・摂取した食物を消化して活動のエネルギーにするために、胃や腸がはたらきます。
・心臓を動かして、体中に血液を送ります。血液の中に含まれる酸素を体の各部に渡すかわりに、体の各部でできた老廃物をもって帰ります。
・さまざまのホルモンを出して、体の各部の調節をします。

これら内臓を中心に、自然に「自ら律して」はたらいてくれて、生命維持に関与しているのが、「自律神経中枢」で、脳幹＝脊髄系の中の「間脳」に位置しています。

　寒い時に思わず身ぶるいして熱を出すとか、食物が胃に入ってくるとどっと消化液が分泌されるとか、走って体中の筋肉の活動が高まると酸素の消費量が増えるので、それを補給するために心臓が早く打つとか、しばらく水にもぐっていてから水面に浮かび上がった時に深呼吸するなど、人間の体は意識より下のレベルで、実にいろいろなはたらきをして、私たちを生かしてくれているのです。

　もうひとつ、脳幹＝脊髄系があずかるのは、「反射」です。反射には、大きく分けて２種類あります。

・熱いものにふれた時に、思わず手を引っこめる。異物がのどに入った時に、はき出そうとする。鼻や気管の異常を感じると、セキやクシャミをしたりする、などの「防御反射」。
・重力に抗して姿勢を保つために、筋肉を臨機応変に収縮させる「姿勢反射」。

　このように、脳幹＝脊髄系は、脳の中の下位をしめるとはいえ、りっぱに脳の一部をなしており、人間が生きていくために最も大切な役割をになっています。
　大脳を社長とすれば、脳幹＝脊髄系は、日夜黙々と誠実に働きつづける社員というところでしょうか。社員の地味で目立たない働き

のおかげで、会社は組織として機能することができるのですから。

● 大脳辺縁系のはたらき

「大脳辺縁系」とは、脳の中の「古皮質系」と「旧皮質系」を合わせたものです。この「古」とか「旧」とかいうのは、生物の進化、系統発生上の古さのことです。つまり、人間より下等な動物にもそなわっていて、より基本的なはたらきをつかさどっている部位にあたります。

脳幹＝脊髄系は、「生きている」ことをつかさどる部位でしたが、大脳辺縁系はそれよりはもうすこし高等なはたらき、大脳生理学者の時実利彦先生によるところの、「たくましく生きていく」はたらきをつかさどっています（P51 図−7）。

その内容は、大きく分けて3つあります。本能行動、情動行動、それに自律機能の調整です。

本能には、食欲、性欲、集団欲があります。このいずれも、自分が個人として生きつづけ、また自分の種族を保存していくために必要なものです。

大脳辺縁系の特定の場所が破壊された動物は、食欲がコントロールできなくなり、胃が空っぽなのに全く食べなくなったり、逆におなかがいっぱいなのに食べつづけたりします。

性行動についても、同様に大脳辺縁系の一部を破壊すると、いろいろな異常行動パターンが発現します。

集団欲も、やはり大脳辺縁系によって営まれています。時実先生はこう述べています。

「集団欲をかなえるいちばん基本的、効果的な手段は、皮膚や粘膜の圧迫、すなわち、肌のふれあい、スキンシップである。肌のふれあいは、百万言を使うよりも、どんな視聴覚の方法よりも、より効果的に、お互いの心を一体化し、心の連帯を（中略）作ってくれる。意識もさだかでない重篤な病人と、何とかして心を通じさせたいと願うとき、私たちはしらずしらずのうちに行っている——病人の手を握りしめたり、腕や脚をさすったり。皮膚や粘膜がこのような効果をもっているのは、個体発生の初期に皮膚や粘膜になる外胚葉の一部が、神経管になり、脳・脊髄を中枢にした神経系に分化するために、皮膚や粘膜と神経系とは起源が同じであることに由来するのであろう。」（『人間であること』時実利彦著、岩波新書）

大脳辺縁系がつかさどるはたらきの２つめは、情動です。情動（エモーション）とは、「感情」よりももっと原初的なもので、本能がみたされない時の不快（お腹がすいているとイライラする）、本能がみたされた時の快（砂漠横断中に、オアシスで心ゆくまで水を飲んだあと「フーッ」とため息をついて、ニッコリ笑う）、それに恐れと怒りの、４つがあると説明されています。

大脳辺縁系は、自律機能調整のはたらきもあわせて行なっています。ストレスによる胃かいようや心身症（自律神経失調症）は、大

脳辺縁系とのかかわりが深いと考えられています。

　また、情動行動に自律神経系が参加してくることもよく見られます。「顔色をかえて怒る」とか「青くなってワナワナとふるえる」とか「怒髪天をつく」など、それを表す慣用表現が山ほどあることからもわかります。

● 情動のはたらきと大脳のはたらき

「あまりのことに茫然自失。ことばもなく立ちつくす」という経験、おありでしょうか。

　私は以前、泥棒に入られたことがあります。勤め先から帰宅して玄関をあけ、電気をつけると、なんと！ たんすや机の引き出しという引き出しはぬかれ、中身がたたみの上にぶちまけられ、どろぐつのあとがあちこちに！ アワワワワ。その瞬間には、「泥棒だ」とも「110番」とも考えることができず、文字どおり「なにがなんだかわからない」状態でした。心臓はドキドキするし、冷汗がジワーッと出てきます。しばらくたってからやっと、「泥棒だ」「警察に電話」と思いつきました。

　これなどは、大きな情動のはたらき、しかも快ではなくて不快、あるいは恐れが前面に出てしまって、大脳のはたらきを抑制した例でしょう。つまり、不快な時は高度の連合機能ははたらけないのです。そのしくみは、『脳と言葉』（荒井良著、社会思想社）という本の中で、こう説明されています。

「（大脳辺縁系は）大脳皮質よりも末端器官に近いわけです。ということは、末端器官に加わる刺激が神経線維によって大脳皮質に伝えられる途中で、大脳辺縁系などに入る。するとここで『不快』『恐れ』という判断が出ると、そこで『不快な状態を何とかしろ』という対応指令が出て、不快さを解消することが優先されてしまう。つまり、大脳皮質の高度な連合機能は働く余地がなくなってしまうことになります」

　このことから、「ダメヨ！」「イケマセン！」「なんてわるい子なのッ！」「なんべん言ったらわかるのッ！」ばかりを連発することは、不快をおこすばかりで、より高度なことがらの学習につながらないということが、すこしわかりやすくなるような気がします。

　「禁止するかわりに、次になにをするのかを伝える」「怒ったり叱ったりするのではなくて教える」「叱って育てるよりほめて育てろ」など、子どもに対する望ましい態度と、この「快であることが必要」ということとの関連を、私ももっと勉強してみたいと思っています。

● 刺激が大脳皮質までとどくためには

　耳で聞こえた音を最終的に受けとめるのは、「大脳側頭葉」にある「聴覚領」です。
　耳（ここでは、「蝸牛」の中にある音の受容器）と大脳聴覚領との間が、電線みたいなもの（それが神経線維です）でつながっているんじゃないか、と考えるのがふつうでしょう。同じように、目で見

たものは、後頭部の「視覚野」に直行するのではないか、と。

　実は、そうではないのです。指の先になにかがふれたという情報
も、ピアノの音が聞こえたという情報も、ネコが見えたという情報
もすべて、それぞれの末端の感覚受容器（指、耳、あるいは目）か
ら、神経線維を伝わっていったん下位脳（主として脳幹部）に入り、
大脳辺縁系を経由して、はじめて大脳皮質の固有の部位（視覚野と
か聴覚野とか）に到達するのです。

　そして、脳幹(P51図－7)の中でも、「脳幹網様体」（脳幹中央部の
こと。神経線維がもつれた網の目のようになっているのでこうよば
れる）は、大脳に入ってくる感覚情報や、大脳から出される運動指
令の出入口であり、それらがスムーズに流れるように交通整理をす
る、コントロールセンターの役割をになっているという点で、とり
わけ重要です。

　ですから、脳幹部や大脳辺縁系でストップをかけられてしまうと、
その情報は大脳まで伝わることができません。

　もうすこしわかりやすい例で考えてみましょう。「大脳皮質湖」と
いう名前の神秘的な湖があり、その湖岸に「言語野町」という産業
都市があります。

　その湖には「神経系路川」という名前の川が注ぎこんでいます。
この川は「感覚末端受容器町」というところから流れが始まってお
り、途中、「脳幹＝脊髄系町」、「大脳辺縁系町」という２つの町を
通ります。

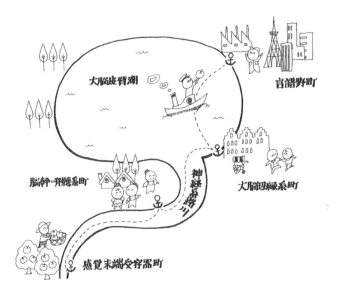

　ある日のこと、感覚末端受容器町から、「アカイ・リンゴ」と書か
れたラベルをはった荷物を積んで、一隻の小舟が「神経系路川」を
下り始めました。この小舟の名は、「言語刺激号」といいます。

　その日は、おだやかな日だったので、「言語刺激号」は、２つの町
をスムーズに通りぬけ、「アカイ・リンゴ」という荷物を、無事に
「大脳皮質湖」の岸にある「言語野町」にとどけることができました。

　さて別の日、今度は、「キイロイ・ミカン」の荷を積んで、「言語
刺激号」が出発しました。

　ところがその日は、「脳幹＝脊髄系町」の川のいっせい清掃中で
（のどに異物が入った→セキ反射で排出せよ）、一時通行止だったの
で、「言語刺激号」は、目的地、「大脳皮質湖」の「言語野町」につ
くのがたいへん遅くなってしまいました。

　また別の日、「アオイ・サカナ」の荷を積んだ小舟が行きます。今
度はなぜか、「大脳辺縁系町」の人たちがみんなでプンプン怒ってい
て、岸から石を投げつけて、「帰れ」「通るな」というので、「言語

刺激号」は、しかたなくひき返しました。

　このように、刺激が大脳皮質の言語野までとどくためには、途中
で通過する下位脳のそれぞれの部分が、スムーズにはたらいている
ことが必要です。
　高い熱のある時は、「熱を下げよ」という指令が最優先しますから、
いくら赤いリンゴの絵を見せて、「アカイ・リンゴよ」と教えても、
その刺激は大脳皮質まではとどきません。
　お腹がとてもすいている時に、「キイロイ・ミカン」と教えても、
「空腹をなんとかせよ」という指令のほうが強いから、頭に入りませ
ん。いやがる子をムリヤリおさえつけて、「アオイ・サカナ」と教え
ても、「不快な状態をなんとかせよ」という指令にはばまれて、ちっ
とも覚えてはくれないでしょう。

　子どもにものを見せたり、ことばを聞かせたりして、そのことを
有効に理解し、覚えてもらいたいと思うならば、まず、脳全体がス
ムーズにはたらくように、体調を整え、快い状態にしておくことが
必要です。
　食べること、体を動かすこと、生活リズムを整えることなどは、
すべて、下位脳がスムーズにはたらき、言語刺激が中途でつっかえ
ることなく大脳にまで送られて、ことばの学習が進むための前提条
件です。
　この条件を整備することなしに、ことばだけを一生けん命教えて
も、「労多くして効少なし」になってしまいます。

4 感覚統合をうながすはたらきかけ

● 「微細脳損傷」から「感覚統合障害」へ

　ことばの出ない子どもや発達に遅れのある子どもは、大脳皮質の
どこかに、小さな目には見えないような傷があるのではないかと考
えられて、「微細脳障害」とか「微細脳損傷」という病名がさかんに
つけられた時期がありました。

　その後、脳や神経発達についての研究が急速に発展するにつれて、
これまでお話ししてきたような、「大脳皮質だけが脳なのではない」
「脳は全体としてはたらく」「脳のどの部分も他の部分に依存しては
たらく」ということがわかってきました。

　今までの考え方であれば、「大脳に傷があるのだから仕方ない」と
放置されたり、「ことばが出ないのだから、絵カードを使ってことば
をくり返し教えこめば、きっと覚える」といった、概念レベルでの
訓練しか行なわれてこなかった子どもたちにも、脳全体のはたらき
をよくするためのはたらきかけの具体的な方法が考えられるように
なってきたのです。「感覚統合理論」が、そのひとつです。

　この考え方では、脳のはたらきの悪さを「感覚統合障害」として
とらえます。

● 「感覚統合」とは

「感覚統合」なんて聞き慣れないむずかしそうなことばだな、苦手だなと思って、ここのところを飛ばしてしまおうとしているあなた。そう、あなたのことです。ちょっと待ってください。あなただって、今、感覚統合をしているのですよ。

　あなた自身に、この瞬間、外界から送りこまれている感覚情報にはどんなものがあるか、考えてみましょう。

・この文章を読んでいる（目を窓口として文字を見て認知し理解）

・座っているいすの面とおしりが接触している感じ

・上半身が、重力に対してまっすぐになっている感じ

・首がすこし前に曲がっている感じ

・足の裏が床にふれている感じ

・洋服が体の表面にふれている感じ

・洋服の袖口のゴムが手首をしめつける感じ

・窓から流れこむ風の涼しさ

・外の道路を通るバイクの音

・となりの家で雨戸を閉める音

・時計のコチコチ鳴る音

・電灯の光の明るさ

・部屋の中に漂っている夕食のカレーの匂い

・のどがかわいてきた感じ

・規則正しく打つ心臓のリズム

・あ、今、まばたきをした！

その他、数えきれないほどたくさんの情報が、今この瞬間に、脳に流れこんできています。

　これらの情報（刺激）を、大切なものとそうでないもの、緊急に対処しなければならないものと、ほっておいてもよいもの、大脳皮質まで送りとどけねばならない情報と、途中でカットしてしまってよい情報……などに分けて、うまく交通整理するはたらきのことを「感覚統合」といいます。

　ところが、感覚統合のうまくできない子どもたちにとっては、次のようなことがおこってしまうのです。

・カレーの匂いが気になって気になって、おちつかないので、文字をなんべん読み返してみても、さっぱり頭に入らない。
・聞こえる物音（実は、となりの家で雨戸を閉める音）がなんの音か認知できず、不安でたまらないので、文字を読むのをやめて、窓から外をのぞいてみる。
・洋服が体表にさわっていることが不快でたまらないので、体をムズムズ動かす。
・電灯がついているのが気になるので、文字ではなく電灯ばかり見ている。

　こんなありさまでは、本の内容を理解することなどとてもできないのはいうまでもありません。

　感覚統合障害をもつ子どもは、たぶん、このような混乱した世界の中を生きているのです。

● 感覚統合理論

　感覚統合理論を構築し、発展させたのは、アメリカの作業療法士、教育心理学者である、J・エアーズ博士です。

　その理論をひとことでいうと、「生きている限り、不断に脳に流れこんでくる多量な刺激をうまく交通整理できるように、脳（特に脳幹部）のはたらきをよくするためのはたらきかけをする。そのことによって、子どもの、より望ましい発達をうながす」ということになります。

　エアーズは、感覚統合過程のモデルを図－8のように表しています。この図では、原始的・基礎的感覚の上に、より高度な機能が統合されていくという考え方が、よく示されています。

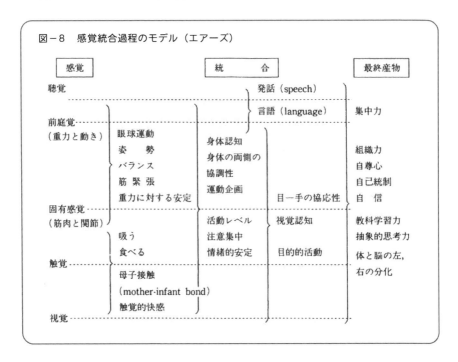

図－8　感覚統合過程のモデル（エアーズ）

感覚統合過程のモデルの中で、最も重視される３つの感覚について簡単に説明しておきます。

　① 前庭覚……自分の体が地球の引力の方向に対してまっすぐか、傾いているか、さかさまなのか、止まっているのか、動いているのか、止まりつつあるのかに関する感覚です。耳の奥にある「前庭受容器」が、そのはたらきを受けもちます。

　② 固有覚……体のすみずみの筋肉の伸張・収縮のぐあい、関節の曲がり方あるいは伸び方、腱の状態などに関する感覚です。腕を曲げることひとつにしても、シャツの前のボタンをとめるために曲げる曲げ方と、買物かごを下げるために曲げる曲げ方とでは、ひじ関節と上腕部の屈筋・伸筋の状態はそれぞれちがいます。この本を読んでいる、今の瞬間も、あなたのひざの曲がりぐあい、腕の筋肉の緊張のさせ方についての情報は、たえず脳に送りこまれているのです。

　③ 触覚……皮膚は、外界と「自分」とのさかい目です。皮膚の表面には神経の末端受容器がたくさん配置されていて、痛みとか、温冷・接触などを感じて、脳に伝達します。この感覚を整理する力が混乱していると、強い痛みを快く感じたり、やさしい抱きしめを不快に感じたりすることがおこります。触覚はまた、情緒発達、情緒安定の基礎でもあります。

いうまでもなく、ことばを聞いて覚えるとか、目で見えるものの名前がわかるとかいう、大脳の皮質レベルでのはたらきがスムーズに行なわれるためには、これら3つの感覚が十分に機能していることが必要です。

● 感覚統合障害のあらわれ

　このような感覚統合障害は、日常生活場面での子どもの行動からも、それを疑わせるサインを見つけ出していくことはできます。次に、ごく簡単なサインのいくつかをあげてみましょう。

・ボールを投げたり受けたりがじょうずではない

・運動が不器用で、ころびやすい

・ヒコーキの姿勢がとれない

・利き手がはっきりしない

・くつの左右をまちがえる（以上、両側性統合障害）

・足が地面から離れると不安になる

・とびおりることが嫌い（以上、重力不安）

・さわられることをいやがる

・ベタベタしすぎる

・毛布やぬいぐるみを嫌ったり、逆に異常に執着する

・砂、えのぐ、のりなどに手をふれたがらない

・砂、芝生を裸足で歩きたがらない

・季節にかかわらず長袖の服を好む（以上、触覚防衛）

・構成的な遊びがへた

・グニャッとしている

・がんこ。自己流でやりたがる

・つみ木がうまく積めない

・階段ののぼりおりが苦手

・動くものを目で追うことがうまくできない

・図柄や模様の同じところ、ちがうところがわからない

・行の間や枠の中にうまく文字が書けない（以上、視知覚障害）

　感覚統合障害についての診断や、感覚統合療法の訓練・指導は、系統的な勉強をし訓練を受けた専門家によって行なわれるべきです。1982年（昭和57年）に、「日本感覚統合障害研究会」が組織され、2011年（平成23年）には「日本感覚統合学会」となり、認定講習会や研究会を開いています。しかし、感覚統合療法の専門家は残念ながらまだごく少数です。

● 感覚入力を増やすはたらきかけ

　けれどもさいわいなことに、感覚統合療法の要素は、日常生活の中で手軽にできる遊びや運動に豊富に含まれています。毎日の暮らしの中で、意識的にとり入れてやってみましょう。

　訓練の基本は「感覚入力を増やす」ことです。「刺激は脳の栄養」です。まっ暗で静かな部屋で、じーっと横になっていると（感覚入力が少ない。刺激が少ない）、眠くなってきます。

　これは、脳の活動水準が低くなるからです。逆に、体を動かす、

抱きしめる、さわる、いろいろなものを見せる、聞かせる、などすれば感覚入力が増え、脳のはたらきを活発にすることができます。

　先にあげた３つの基本となる感覚に聴覚、視覚を加えた５つの感覚に対して考えられる、はたらきかけの一部をあげてみます。

① 固有覚……手足の曲げ伸ばし、手押し車、腹ばい姿勢からヒコーキをする、棒にぶらさがる、寝そべって体の上におもりを置く、ハンドルを回す、荷物を持つ、荷物をかつぐ、歩く、など。

② 前庭覚……前庭感覚への入力は、回転や加速度が中心になります。寝がえりごろんごろん、でんぐり返し、抱き上げてぐるりと回る、回転いすに座らせて回す、トランポリン、ブランコ、すべり台、抱いてゆすぶる、ハンモック、ゆれ木馬に乗る、動く乗物おもちゃに乗って引っぱってもらう、高い高いをする、など。

③ 触覚……ぎゅっと抱きしめる、そっと抱きしめる、乾布まさつをする、くすぐる、肩や背中をトントンたたく、手をつなぐ、髪の毛をブラッシングする、ハケやブラシやスポンジで手や足を刺激する、裸足で歩く、抱っこ、おんぶ、肩車、押しくらまんじゅう、粘土遊び、フィンガーペインティング、おふろに入る、プール遊び、手のひらに氷をのせる、ごっつんこ、おしぼりで顔や体をふく、など。

④ 聴覚……歌を歌って聞かせる、音のするおもちゃで遊ぶ、など。

⑤ 視覚……いないいないバア、かくれんぼ、ボールころがし、し
　　ゃぼん玉、暗い部屋の中で懐中電灯で遊ぶ、風船をつく、ユラ
　　ユラするモビールをつるす、オルゴールメリーをつるす、など。

　エアーズが、「人の成長とはまさに感覚統合の過程である」と言っ
たとおり、毎日の暮らしや遊びに含まれるひとつずつの動きは、す
べて、なんらかの形で感覚統合上の意味をもっているといえるでし
ょう。

● 子どもが喜ぶ遊びを

　これらの遊びや運動は、無理やり強制してやらせるのではなく、
子どもの好むものを選んで行なうことが大切です。
　赤ちゃんが「高い高い」や、抱いてゆすぶってもらうことを好む
のは、その動きに含まれている感覚入力（皮膚からの触覚入力、加
速やゆれによる前庭入力）が、自分の脳の発達のために必要だから
だといわれます。同様に、子どもの好む遊びには、その子が必要と
する感覚入力が含まれていると考えられます。

　エアーズは言っています。
　「遊びは主として子どもの内的欲求に導かれることを忘れてはなら
ない。だから、遊びを無理に押しつければ、遊びの効果は失われて
しまう。（中略）子どもには、ことばで説明するよりも、身体の動き
を通してわかりやすく説明するのがよい。上手にできたと感じられ

るような賞賛のことばを与える」「ある種の遊びにとまどいを感じるようなら、それらの遊びは子どもの感覚統合能力を越えているためであろう。そのような場合は、もっと基本的な遊びや課題から開始するのがいい」（『子どもの発達と感覚統合』エアーズ著、鎌倉矩子他訳、協同医書）

　つまり、毎日短時間でよいから、大人が骨おしみせずに、子どもといっしょに体を使って遊ぶこと、子どもの反応によく注意して子どもの好む遊びを、子どもが喜ぶやり方でつき合いながら、その遊びのレパートリーをすこしずつひろげていく、ということです。

　くり返しますが、こういう訓練でいちばん大切なのは、楽しくやるということです。

　子どもの表情や動きに注意して、不安そうではないか、いやがって体をかたくしてはいないか、うれしそうにニコニコしたり声を出したりするか、もっとやってほしいという身ぶりをするかなど、よく見ておきましょう。

　子どもが喜んでくれれば、大人の側も何回でもやってあげたくなるでしょう。こういうことを通じて、親子の関係、先生と子どもとの関係が育ち、ことばの基礎ができていくという面も見逃すことはできません。

　しかし、感覚統合の考え方によるアプローチは、即、ことばを引き出すためのものではありません。ことばを理解しやすい心と体（脳も含めて）を育て、ことばが生まれてくるように方向づけるための基礎づくり、とでも考えていただければよいと思います。

● まとめ

　すこしむずかしい話がつづきましたから、ここで、「脳のはたらき
とことば」についてまとめてみましょう。

---

① ことばを話すためには、脳のはたらきが不可欠。

---

② ことば（Language も Speech も）をつかさどるのは、主に
　　大脳の言語野とよばれる場所。

---

③ しかし、大脳だけが独立してはたらくことはできない。脳幹
　　＝脊髄系とか、大脳辺縁系といった、下位の脳のはたらきが
　　スムーズである時にはじめて、大脳が活動できる。

---

④ したがって、大脳を活動させてことばの能力を高めるために
　　は、下位脳を含めた脳全体のはたらきを高める必要がある。

---

⑤ このことをまとめたものが、エアーズらの「感覚統合理論」。

---

⑥ 感覚統合の考え方によれば、生活や遊びのすべてが、子ども
　　の発達にとって必要な要素を含んでいる。

---

⑦ 心と体の両方に、意識的なはたらきかけをすることが大切。

---

⑧ 生活や遊びを通して、子どもの全体的発達をうながし、脳が
　　全体としてスムーズにはたらくようにすれば、大脳を機能さ
　　せて、ことばを獲得しやすい条件を整備することができる。

---

⑨ 子どもにとっては、狭義の「言語訓練」だけではなく、全体
　　発達をうながすはたらきかけを優先するべき。

第 3 章

ことばと
きこえのしくみ

1 ことばを言うまで

● ことばを言うまでのプロセス

Aさんが、知人のBさんに出会ったとします。

B「こんにちは。お出かけですか？」

A「こんにちは。ええ、ちょっとそこまで」

B「いってらっしゃい」

A「はい。どうも、失礼します」

なめらかに、ことばのやりとりが行なわれています。いつでも、どこでも見うける、ありふれた光景です。けれども、よく考えてみると、「ことばを言う」ということは、目も耳も口も舌ものども脳も、その全部を使う、たいへん複雑な作業です。

この時、目や耳や脳や口が、どんなはたらきをするのか、Aさんが「ことばを言う」までのプロセスを細かく見てみましょう。

Bさんの顔を見て、知っている人だとわかる（視覚的認知）。名前を思い出したりする。

Bさんが話しかけたことを耳で聞いて、その音を分析して、意味を大脳で理解する（聴覚的理解）。

「こんにちは。お出かけですか？」に対する返事の中身を、大脳で組み立てる。そして、その中身にふさわしい音を、日本語の語音の中から選び出す。

　ここまでが、脳の中で行なわれる Language のはたらきです。私たちには、見たり感じたりすることができず、まだまだわからないことだらけの部分です。

　そしてこれから先が、この章でお話ししようとする Speech（音声言語）です。ことばが、どのようにして口から離れて空中に飛び立つのかを、見ていきましょう。

肺に、十分な量の空気があるかどうか確かめる。足りなかったら息つぎをして、空気を補充する。

　声を出すための基礎は呼吸です。X 線を撮る時みたいにやってみましょう。「はい、息を吸って。止めて。息を止めたままで、アーと言ってみてください」これができたら、あなたは超人です。

　もうひとつ実験。深ーく息を吸って、その息を全部はききってください。そして、「アー」と言ってみてください。どうですか？ 声、出ましたか？かすかに出た人も、「ア、ア、ア」というなさけない、小さな声のはずです。

　このような発声のためには、呼吸の調整が必要です。そしてこれも、脳が指令を出してやらせているのです（**次ページ・図－9**）。

空気をはき出しながら、声帯を振動させ、声のもとになる音を
つくり出す（喉頭原音）。

図−9　声を出すのに必要な器官
（『話しことばの科学』ピーター・デニシュ他著
東大出版会）

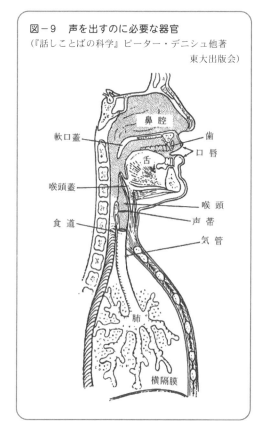

鼻腔

軟口蓋
歯
口唇
舌
喉頭蓋
喉頭
声帯
食道
気管

肺

横隔膜

声帯は、のどにある
筋肉や靭帯（すじみた
いなもの）のひだです。
ふつうに呼吸している
時は、あけっぱなし
になっていますが、い
ざ声を出すぞという指
令が脳から送られてく
ると、ピタッと閉じて、
空気がそのすき間を通
りぬける時に、ビリビ
リふるえて音を出しま
す。声帯で出るこの音
を「喉頭原音」といい
ます。

　声帯がふるえているようすは、のどに手をあてればわかります。
のどに手をあてて「アー」と声を出し（有声）、次にささやき声（無
声）で「ハァーッ」とやってみれば、そのちがいが指先に感じられ
るはずです。大きい声、小さい声、高い声、低い声など、いろいろ
やってみましょう。

空気が、口からだけ出るように（鼻にもれないように）、鼻へいく空気の通り道を閉じる（鼻咽腔閉鎖）。

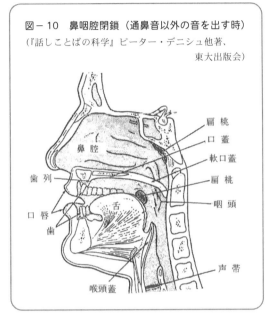

図－10　鼻咽腔閉鎖（通鼻音以外の音を出す時）
（『話しことばの科学』ピーター・デニシュ他著、
東大出版会）

扁桃
口蓋
軟口蓋
扁桃
鼻腔
歯列
咽頭
口唇
歯
舌
声帯
喉頭蓋

　上あごを指でそっとさわってみましょう。固い骨にふれますね。それは硬口蓋といわれ、芯のところに骨が入っています。もっとだんだん奥のほうをさわっていくと、グニャッとした肉だけのような手ごたえに変わるところがあります。それが軟口蓋です。

　私たちは、話をしようとする時は、この軟口蓋をピッともち上げて、のどの後側の壁にピタッとくっつけて、肺からの空気が鼻からもれないで、口からだけ流れるようにします（図－10）。

　鼻から空気を出しながらものを言うと、いわゆるフガフガしたしゃべり方になってしまって、なにがなにやらわからなくなります。鼻から空気がもれ出ると、舌や唇をどんなにじょうずに動かしてもきれいな音づくり（構音）ができませんから、軟口蓋の動きをよくしておくことが必要です。

唇、あご、舌を動かして音をつくりだす（構音）。

　口をせいいっぱい大きくあけたままで、「あかさたな、はまやらわ」と言ってみてください。

　「あ」「か」「は」は、それらしく聞こえますが、それ以外の音は、なんとも歯切れの悪い音になりますね。でも、舌やあごが、動こう動こうとする「感じ」はつかめますね。

　今度は、口を閉じたまま「あかさたな」を言ってください。できますか？　ふつう、できないはずです。

　このへんのところは、読み流すだけでなく、必ず自分でやってみてください。自分の口や舌の動く感じをつかむには、実際にやってみるのがなによりです。

　ここで鏡を用意してください。鏡を用意するかしないかが、「構音」ということの意味が、ほんとうにわかっていただけるかどうかを決定します。

　鏡を見ながら、ゆっくり「あーたーあーたー」と言ってみましょう。「た」の音の前には、舌の前のほうが、上の歯ぐきの裏にいっぺん押しつけられますね。

　口の中に人差指を入れて（上の歯にくっつけて）、「あーたーあーたー」を言ってみましょう。舌が押しつけてくる力の意外な強さに、おどろかれることと思います。

　「あーさーあーさー」と言う時は、舌の指にふれる面積が少なくなります。

「あーかーあーかー」と言う時は、舌の先は指に全然ふれません。そのかわり、舌の奥のほうが上がったり、下がったりします。

　このように唇や舌で、いろいろな形に変わる狭い部分を空気が通りぬけることによって、さまざまな音が発せられるのです。

　ここまでかかって、やっと「ことば」が口から発せられます。では、ゆっくり「こ・ん・に・ち・は」と、言ってみましょう。

　しっかり鏡を見ながら、口をとがらした「こんにちは」、口を横にひいた「こんにちは」、ふつうの「こんにちは」、三通りやってみてください。口と舌はどんなふうに動き、呼吸のコントロールはどんなふうに行なわれているでしょうか。

　以前、話している時、つまりいろいろな異なる音をつくっている時の口の動き（主として舌の動き）を、レントゲン撮影したフィルムを見せてもらったことがあります。舌がまるで生きもののように、すごい速さで自由自在に動くようすに、感嘆したものです。

2 構音の種類と発達

「発音がはっきりしない」というのは、ことばをもち始めたお子さんの多くがつきあたる問題ですから、ここで、基礎的なことをお話ししておこうと思います。

なお、「構音」という用語は、舌や唇を動かして音をつくりだすはたらきのことです。「発音」は「発せられた音」という静的なイメージなので、このばあいには使いません。

● 母音の構音

「あいうえお」の５つの音は、口の形がちがうと同時に、口の中の舌の位置もちがいます（表−1）。

ためしに、「イーッだ！」の口の形になるように、唇の両端を指で引っぱりながら、「いえあおう」を言ってみてください。制約された状態のもとで、なるべく明瞭な音を出そうとして、舌が口の中で、けん命に位置と形を変えるようすが感じられませんか？

母音は、「相手の口の形を見て、まねする」（口型模倣）ことを教える時に、とてもやりやすい音です。一つひとつの音を区別して、ちがう音として発音できるようになるための第一歩として、私たちはよく母音を使います。「見て」→「まねる」ことがむずかしい子には、その子の口の形に合わせて穴をあけた厚紙を使って、発音を誘

導することも可能でしょう。

　また、口のまわりをさわられることをいやがらない子どものばあいは、手を添えて、口型をつくってあげることもできます。

　口のへんをさわられるのをいやがる子どもには、体への接触（それもソーッとなでるのではなく、すこし強めに、圧をかけるような接触の仕方）→　顔への接触（同じく、圧をともなうもの。ほっぺたのマッサージなど）→　口のまわりへの接触と、時間をかけ、段階を踏んで、徐々に慣らしていきます。

表－1　母音の構音（『言語治療用ハンドブック』、田口恒夫編、日本文化科学社）

表　記	イ〔i〕	エ〔e〕	ア〔a〕	オ〔o〕	ウ〔w〕
名　称	平　口　母　音		大口母音	丸　口　母　音	
	前（舌）母音音		中（舌）母音	奥（舌）母　音	
顎　角	ほとんど開かない	半ば開く	大きく開く	半ば開く	ごく少し開く
唇の開き方	平らに少し開く	少し開き左右に引く	自然に大きく開く	丸めて少し開く	左右から寄せるがほとんど開かない
舌の位置	舌の先が上あごの前部に近づくと同時に奥へ引かれる	舌の先が上あごの前部に半ば上がると同時に前に押し出される	舌が上あごから平らに下へ自然に離れる	舌の奥が上あごの奥に半ば上がる	舌の奥が半ば上あごの奥に上がる
（舌の形の実線は正中線、点線は両側部）					
声帯の振動	あ　り	あ　り	あ　り	あ　り	あ　り

子音とは、呼気流（はく息の流れ）が、声道（のどから唇までの間の空気の通り道）の中で、舌や唇や歯ぐきの動きによって、いろいろな形に通路をさえぎられたり、せばめられたりする時に出る、一種の雑音のことです。ローマ字式に表すと、k（カ行）とかt（タ、テ、ト）など、多くの種類があります。

　子音の標準音標記法の分類の仕方は、縦の列＝息のさえぎられ方による分類、横の列＝息のさえぎられる場所による分類です（表－2）。

① 破裂音……ためしに「タ」と言おうとしてみてください。舌の先が、上の歯ぐきの裏のあたりにギュッと押しつけられていますか？　その舌をパッとはずして、口の中にたまっていた空気を勢いよく破裂させる時に出る音が、「タ」のうちの「t」の部分です。唇で破裂させれば「p」や「b」、奥舌と軟口蓋の間で破裂させれば「k」や「g」が出せます。

② 通鼻音……読んで字のごとく、「鼻を通る音」です。舌と口蓋で空気の流れをせき止め、そのかわりに「鼻咽腔閉鎖」を解いてやり、空気を自然に鼻の方へ流してやります。

③ 摩擦音……舌や口蓋でせばめられた場所を、空気が勢いよく通る時の、「こすれてできるような音」です。破裂音のように、一瞬しか出ない音とはちがって、出しつづけることができます。うるさい子どもに「シーッ」という声のようにです。

④ 破擦音……一瞬の破裂音のあとに、摩擦音がつづくものです。例えば、「ts」（つ）などです。無声（声を出さずに）で、「つ

ー」と言いつづけてみてください。最初「ts」の音があり、あとは「s」の音がひきつづいて聞こえます。この種の音には、「ツ」「ズ」「チ」「ジ」などがあげられます。

⑤ 弾音……これも読んで字のごとく、舌先が硬口蓋のところで「弾かれる」ような動きをする時に出る音で、日本語では「ラリルレロ」だけです。

表－2　子音の標準音標記法

		両唇音 上下の唇	歯音 上の歯の内側に舌先を近づける	歯茎音 上歯ぐきと舌先の間で	硬口蓋音 硬口蓋と舌のまん中へんで	軟口蓋音 較口蓋と舌の奥のほうと	声門音 声門で
破裂音	無声	p パピプペポ		t タテト		k カキクケコ	
	有声	b バビブベボ		d ダデド		g ガギグゲゴ	
通鼻音	無声						
	有声	m マミムメモ		n ナヌネノ	ɲ ニニャ ニュニョ	ŋ ン	
摩擦音	無声	F フ	s サスセソ	ʃ シシャ シュショ	ç ヒ		h ハヘホ
	有声	w ワ	z ザゼゾ	ʒ ジジャ ジュジョ	j ヤユヨ		
破擦音	無声		ts ツ	tʃ チチャ チュチョ			
	有声		dz ズ	dʒ ジャジジュ ジェジョ			
弾音	無声						
	有声			r ラリルレロ			

子どもは、まわりで話されていることばを聞きながら、ことばや音を覚えます。

　「○○ちゃんの話し方、お母さん（お父さん）とそっくりね！」と言いたくなるような場面を、私たちもよく経験しますが、子どもは、やはりいちばん身近なお手本である、両親やきょうだいの話し方や発音をまねるばあいが多いようです。

　子どものことば（ここでは構音に限りますが）の発達が、周囲から大きく影響されるのは事実ですが、一方、構音発達には、子ども一般に普遍的な、一定の順序性があるのもまた事実です。

　構音発達については、今までも、いくつかの研究が行なわれています。研究者によって、細かいちがいはあるものの、パピプペポ、バビブベボ、マミムメモなどの両唇音、タテト、ダデドなどの歯茎音が、比較的早い時期（といっても３歳から４歳）に完成するのに対し、サシスセソ、ツ、ズなどの歯音、ラリルレロなどが、90％の子どもで正しく構音されるのは、５歳から６歳にかけての遅い時期であるという結果においては、一致がみられます。

　「ウサギ」を「ウタギ」、「ラッパ」を「ダッパ」と言いまちがえるのは、３歳くらいでならばあたりまえのこと、ともいえるわけです。

　発達に遅れのある子どものばあいは、精神発達レベルに合わせて考えてみるとよいと思います。

　「もう、小学校に上がるのに、赤ちゃんことばで、困っちゃうわ！」

というのではなくて、「発達レベルがまだ3歳なのだから、気長に待ちましょう」と思えるといいですね。

● 遅れのある子の構音訓練

遅れのある子の親ごさんに、よくたずねられます。「発音がおかしいんですが、どこかで訓練を受けるほうがいいでしょうか」と。構音訓練については、その子の障害の種類、障害の程度、発達のようす、言語症状などによってそれぞれちがいますから、ひとまとめにして言いきることはできませんが、私は、一応次のようなばあいには構音訓練が可能だと考えています。

① 発達レベルが少なくとも4歳以上、できれば5歳以上に達していて、狭い意味での言語訓練に応じられること。できれば、ひらがな文字が読めるようになっていること。
② 他の音は、おおむねはっきりしていて、誤りが一部の音に限定されていること。ことば全体がはっきりしなかったり、幼児音であったりするのは、発達途上であることに由来することが多いものです。
③ 子ども自身が、ことばに不便を感じており、訓練に意欲的であること。

ただ、日本ではまだ訓諌機関や専門家の数が足りず、遅れのある子どもの訓練には、なかなか手が回らないのが現状です。

3 暮らしの中で構音の基礎をつくる

　構音訓練にはまだ早すぎるようだけど、このまま手をこまねいていていいのかしら、というご心配。もっともです。そこで、毎日の生活の中で、どんなことに注意したらよいかを考えてみましょう。

● 基礎づくりは食事から

　「まだ、じょうずに飲めないから」という理由で、哺乳びんに頼ったり、「まだ、じょうずにかめないから」という理由で、ベチャベチャごはんを卒業させられない親ごさんは、意外に多いものです。

　中学生になっているのに、おじやと豆腐、ひき肉料理、やわらかく煮た野菜だけで育てられている子どもに会ったことがあります。その子の、構音の基礎となる運動は、力強くはありませんでしたが、マヒがあるわけではないし、全然かめないわけではありません。

　親ごさんに、かんで食べるような食事にだんだんに変えていくことが必要ではないかとお話しすると、一言のもとに、「うちの子は、かたいものはかめませんから」と、言われてしまいました。

　「かめない、かめない」という現実だけを後追いしていては、いつまでたっても、かめるようにはならないでしょう。

　今は、かめないけれども（現状）→　将来は、かめるようにした

い（希望）　→　だから、毎日すこしずつ、かむことの必要なおかず
やおやつを増やしていく（希望を実現するための具体的な手だて・
方法）

　といった、三段構えの考え方を身につけることが、必要です。

　「できない、できない」と現状にふり回されるだけでは、進歩があ
りませんし、ああなるといい、こうなるといいという希望だけを追
いかけると、足もとを見失い、焦りばかりがつのります。

　できていること、できないこと、できそうなことを、しっかり見
きわめましょう。

（1）飲むことの練習

　飲むことは、生命の基礎です。生まれたばかりの赤ちゃんも、口
から栄養のもとである母乳やミルクを飲むことで生命を維持します。

　母乳や哺乳ビンは、吸うことの練習としてはよいのですが、唇や
舌、あごなどのより高度な動きを引き出していくことにはつながり
ません。ある程度の時期がきたら、哺乳ビンをやめて、スプーンの
中の液体を飲む練習をへて、コップから飲めるようにしましょう。

　でも、この時、口からダラダラこぼすからと、顔を上向きにして
流しこんでは、かわいそうです。むせやすいし、とても飲みにく
いものです。口の中に適量を入れたら、唇を閉じてあげて、自然に
「ゴックン」ができるまで待ちましょう。

このばあい、あごを引いて、背すじをまっすぐにしておくと、より飲みこみやすいようです。

（2）かむことの練習

　① バランスのよい食事……栄養的に、バランスのとれた食事をこころがけましょう。食品の種類の多い食事をすれば、必然的に、かたいもの、やわらかいもの、いろいろな感触のものが、口に入ることになります。

　主食には、ごはんやパン、うどん、そうめんもあります。野菜には、菜っぱのおひたし、生野菜サラダ、根菜（大根、人参、ごぼう、れんこん）などの煮たものや、あるいは、生のままでのなますなど、実に多くのものが、いろいろな食べ方で可能です。

　子どもが確実に食べてくれるとわかっているおかずだけをくり返して作るのが、私たちが共通して陥りがちな誤りです。毎日、じゃがいも、人参、玉ねぎ、ほうれん草に、レタス、きゅうり、トマトしか使わないという方、いませんか？

　肉類にしても、ひき肉やソーセージなど、ほとんどかまずに、口の中でこねるだけで、飲みこめるものもあれば、ヒレ肉やササミなどのやわらかい肉にはじまり、鳥の手羽やもも、豚の三枚肉とかもも肉など、やわらかいかみやすい肉から、かたくてかたくて、アゴがだるくなるような肉まで、いろいろあります。

　これら豊かな種類の食べものを、いろいろに調理して、食卓に並べましょう。一度出してみて不評だったからといって、あきらめず

に、何度でも作りましょう。たとえ嫌いなものでも、かむことの練習になる食べものを、毎日、なにかしら一口ずつ余分に食べていれば、1年では365口です。かむことだけを考えてみても、ぼう大な練習量です。

　② 食べものの工夫……かむのには、前歯でバリッと「かみ切る」かみ方と、奥歯（あご）をすり合わせるように回しながら、細かくすりつぶす「そしゃく」するかみ方の、二種類があります。

　前歯でかみ切る練習によいのは、おせんべいや、棒状のビスケット、たくあんなどがあります。

　そしゃくの練習をするには、スルメ、たくあん、スティック状に切ったきゅうりや人参、トーストの耳、ガム、肉、ちくわなど、口の中で舌でいくらこねてもとろけず、歯でかまない限り飲み下せないもの、かんでいておいしい味がするものがよいようです。干しいもや干しバナナなども、甘い味を好む子どもに好評です。

　③ 毎日、すこしずつ、つづけて……毎日、すこしずつ、かむ必要のある食べものを食卓に並べつづけ、「よくかんで」「カミカミ」と声をかけ、お手本を示しつづけましょう。持続こそ力です。

　だからといって、昨日までの食事がガラリと変わって、ごぼう、コンニャク、やきとり、それにかためのごはんというのでは、子どももまごついてしまい、消化不良になるかもしれません。

　まずは、一食につき一品ずつ、「かむ」ための食べものを足しましょう。

今まではピーマンと玉ねぎと肉だけだった酢豚にタケノコを足すとか、おみそ汁一杯につきダシ用のイリコを一匹ずつ入れるとか、うす切りにして盛っていた野菜サラダのきゅうりをスティック状に切るとか、ほんとうになんでもない工夫が、子どもが本来もっているはずの「かむ能力」を引き出すことにつながります。焦らずに、一歩ずつ努力をつづけましょう。

　④　そしゃくを引き出す……あられやビスケットの小片を、奥歯の上においてあげると、自然にそしゃく運動が引き出されます。のどにつめる心配がなければ、リンゴの小片、肉、ちくわなどを、奥歯の上において、かむ動きの練習をしましょう。

　かむ（そしゃく）ことに、なくてはならないのが、舌の動きです。舌が口じゅうを動くように、奥歯と奥歯の間に、つぶすべき食べものが、いつも具合よく存在しているようにするとか、口の中の食べものが、均一に細かくなるようにするとか、食べものの位置を変えてやります。舌は、ねじれ、回り、歯の裏にくっついた食べものをはがし、口の横についたソースをペロッとなめ、自由自在の活躍をします。

　⑤　ほほ、あご、唇周辺へのマッサージ……かむことのへたな子には、ほほやあごのへんを、手でマッサージしてあげましょう。感覚を高めるのに役立ちます。

　冷たい手でソローッとさわられるとゾッとしますから、すこし乱暴なくらいに、力（圧をともなって）を入れて、「ホッペ、スリスリ

スリ」とやってあげましょう。素手がいやな子は、手ぶくろをはめたり、あるいは、お気に入りのぬいぐるみで「スリスリスリ、仲よし仲よし」させたりします。

⑥　全身を使う遊びも十分に……これらの、かむ練習をする一方、全身運動も十分にさせてあげましょう。細かい動きがへたなのは、大きな運動がうまくいっていないことの反映であるばあいが、ままあるからです。

　いもむしゴロゴロのような回転運動を中心に、全身を前後や左右に曲げる運動、鉄棒にぶらさがって全身をピーンと伸ばす、などなど、子どもらしく、体を十分に動かします。

　机の前にじっと座らせて、カミカミ、モグモグやらせるだけではなく、広い場所で思いきり、とんだり、はねたり、ころがったりして、大声を出して遊ぶこととの、両方をすることが大事です。

（３）吸うことの練習

　吹いたり、吸ったりがじょうずにできるのは、呼吸を自分でコントロールできるからです。また、息を口からだけ出す、鼻からだけ出すという区別ができるのは、鼻咽腔閉鎖機能がうまくはたらいているからです。

　つまり、ことばの基礎となる、呼吸のコントロール、鼻咽腔閉鎖の機能を向上させるためには、吹くこと、吸うことの練習が不可欠です。

まず、吸う練習です。スプーンに入れた液体（みそ汁、スープ、牛乳、ジュースなど）を、吸って飲みます。スプーンをかたむけて、口の中に流しこむのではなく、たいらにしたスプーンから、自分で吸って飲むことが大切です。

　むせやすかったり、うまくできないばあいは、シチューやうすいくず湯のように、すこしトロミのある液体でやってみてください。

　ストローで吸う練習もいいですね。パック入りの牛乳をすこしだけ押してやると、ストローの先から出てきます。

　甘い飲みものは、好ましくありませんが、牛乳ではどうしてもやる気が出ないばあいは、ジュースでやってみましょうか。ただし、小さい子に１パックを一度に飲ませるのは問題ですから、あらかじめすこし減らしておくか、味をうすめておくほうがいいと思います。

　くり返し練習して、できるようになったら、コップに入った牛乳もストローで飲めるようになるでしょう。

　また、ストローも、太さや材質、長さなどを、いろいろに変化させてみましょう。ストローをすぐにかみつぶしてしまう子どもには、ペット屋さんで売っている、熱帯魚に空気を送るためのビニールチューブを使います。太さが何種類かありますから、適当なものを選んでください。

　かむ練習と同じように、気長につづけましょう。おやつの時の牛乳だけとか、給食時の牛乳だけというふうに、あらかじめ１日１回

か2回設定しておくと、楽につづけられます。

　吸うことを使って、遊ぶこともできます。色紙などで魚や葉っぱ
の形を切りぬいて、小さい箱に入れます。ストローでその魚を吸い
つけて、もうひとつの小箱（お皿などでも可）に移します。池の形
を作って、お魚つりゲームにしたり、つり上げた魚を一列に並べた
り、また、色別に分類したり、といった高度なゲームに発展させる
ことも可能です。

（4）吹くことの練習

　吹くことは、いろいろな工夫が可能です。

　食事の時間には、子ども用にも熱いおつゆやうどん、そばをよそ
って、大人といっしょに、フーフーさましましょう。
　やけどの危険のない程度の熱さのものを、ひっくり返す危険の少
ない子どもに、という配慮は必要です。
　まだできない子どものばあいは、大人が吹いているところを見せ
るだけでもいいのです。いつもいつも適温にさまされた食べものが、
目の前にスッと出てくるよりは、ずっとましです。

　遊びながら、吹く練習をすることもできます。
　笛やラッパ、ハーモニカなどを、親ごさんや先生が、楽しそうに
吹いて見せます。

5回のうち1回くらいは、「〇〇ちゃんも吹いてみる？」と、子どもにやらせてみましょう。口にあてたらしめたもの！「フーフー」と、横で応援して、「プ」とでも音が出たら、大げさに喜んで見せましょう。

　吹いて音の出るおもちゃの中では、ハーモニカが、口の形にかかわらず音が出せるので、簡単なようです。また、へび笛はすこし強い力で吹くことが必要ですが、おもしろいおもちゃです。

　ローソクを吹き消すのは、ちょっと危険ですが、子どもにとても人気のある遊びです。火がユラユラとゆれて、フッと消えるありさまは、大人だって何度見てもあきることがありません。必ず、水の入ったバケツを用意してから、始めてください。

　ローソクの火は、とっても弱い力で吹いても消せます。いちばん最初は、「アーフッ、アーフッ」といった調子で、息の方向や、口からだけ効率的に出すことがうまくできない子どもでも、うまくコツをつかむと、急に消せるようになります。吹き消すのがじょうずにできるようになったら、ローソクの数を2本3本と増やしていって、長い間つづけて息を出せるように練習します。

　しゃぼん玉遊び。小さくちぎった紙片や綿、羽毛などを吹き飛ばす遊び。風車を吹いて回す遊び。ゴム風船を天井から糸でつるしておいて、吹いて動かす遊び。机の上のピンポン玉を吹いて、床にころがして落とす遊び。お散歩でひろってきた落葉を、洗面器に浮かべて吹く遊びなど、いろいろあります。

生活の中で、こんなこともできます。

　鏡や、寒い日の窓ガラスに、「ハアーッ」と息を吹きかけて、くもらせます。寒い日の外出時に、「ハアーッ」と出した息が白くなることを見せましょう。「ハアーッ」と手に吹きかけると暖いことも、教えましょう。

　コップの中に入れた水をストローでブクブク、泡立たせましょう。なるべく長い時間つづけます。うすいしゃぼん液にしておくと、泡が盛り上がって、コップのふちからあふれてくるのがゆかいです。

　いったんふくらまして、やわらかくしておいたゴム風船をふくらませます。吹きこみ口のところが扱いにくければ、太めでがんじょうなストローをさしこんであげてもいいでしょう。

　ビーチボールをふくらませます。大きいのや小さいのを用意します。全部自分でふくらませ終わった時の子どもの顔の輝きは、なんともいえず、すばらしいものです。

　紙袋を「フーッ」とふくらませてから、パン！　と割ります。これもスリリングで、小学生くらいの子どもは大好きです。

　他にも、いろいろありますが、要は、「吹く」行為の結果が音として耳に聞こえる（聴覚的フィードバック）か、または、動きとして目に見える（視覚的フィードバック）ような、おもちゃや教材を使うことです。

（5）うがいや歯みがき

うがいや歯みがきは、健康、清潔のためだけでなく、発声・発語運動をうながすうえにも、大切な習慣です。

歯みがきは、歯が生えてきたら始めるくらいのつもりで。育児書に書いてあるように、指にガーゼをまきつけて汚れをこすり落とすことから始めて、口の中にブラシを入れることに慣れさせます。ついでに歯ぐきや口の中もマッサージして、感覚を高めましょう。

うがいは、まず、口の中に水を含んで、飲みこまずにはき出すことを教えます。これができたら、口の中でグチュグチュと水を回すことを教えます。

グチュグチュペッができるようになったら、「口に水を含んで上を向いても飲みこまない」に挑戦します。これも、気長にお手本を見せること以外に、方法はありません。

次に、「口の中に水を含んで上を向いて、口をあける」ことを練習し、最終的には、ガラガラガラと音を立てての、いちばんむずかしい、ほんもののうがいにまでもっていきます。うがいは、口の奥の方のはたらきを高めるために、最適な運動です。

（6）舌と唇の動きを高める

吹いたり吸ったりの練習とあわせて大切なのが、舌や唇の微細な

動きを高めることです。舌の動きを見るのに、私たちは次のような
動きをやってもらいます。

① 舌を出す（アカンベーのように）
② 舌で唇の右端（左端）をなめる
③ 上唇（下唇）をなめる

　唇の端（口角）や上や下に自由自在に舌がとどくことは、構音の
基礎運動として重要です。

　舌の動きを高めるためには、なめるのがいちばんです。ソフトチ
ョコレート（チューブ入り）やハチミツを口のまわりにつけてなめ
させる、指につけてなめてとらせる（指を口の中に入れてしゃぶる
のではなく、指を口に近づけてペロペロなめとる）、ペロペロキャン
ディーをなめる、水あめを棒につけてなめる、ソフトクリームをな
めるなど、機会を見つけて、「なめる」ことをやらせましょう。

　幼い子どものばあいは、ふとんに入れて落ちついた時間に、顔と
顔を近づけて、「レロレロレロ」と舌を出し入れして、遊んでみまし
ょう。子どもが興味をもって口のあたりをすこし緊張させたりすれ
ばしめたもの！くり返しやって見せれば、子どももまねしてくれる
でしょう。
　「おくちの体操」（次頁）もやってみましょう。ラジオ体操がわり
に、毎日やるといいと思います。

おくちの体操

① あごの運動

口を
大きく開く

パッと
閉じる

② あごの運動

口を
大きく開く

下あごを
右に動かす

下あごを
左に動かす

③ 唇の運動

唇を
つき出す

唇を
横にひく

④ 唇の運動

唇を閉じる

ほほを
ふくらませる

ほほを
へこませる

⑤ 舌の運動

口を
大きく開く

舌を
つき出す

口の中に
もどす

⑥ 舌の運動

口を
大きく開く

舌先を鼻に
近づける

舌先を下に
さげる

⑦ 舌の運動

口を
大きく開く

舌先を唇の
右端につける

舌先を唇の
左端につける

⑧ 舌の運動

口を
大きく開く

舌先を唇に
そって回す

逆回し

（7）声を長くつづけて出す

　「『アー』を、なるべく長くつづけて言って」という検査があります。特別支援学級在籍の小学生、中学生では、３秒とか５秒という子がザラです。大人なら、らくらく10秒はつづけられるはずなのにです。

　毎朝きまって、クラス中で声を合わせて、「アー」を言って、持続時間をはかっているクラスがありました。ほとんど発声のなかった子が、声を出し始めたという報告を、そのクラスの先生から受けました。毎日の積み重ねってすごいな、と思いました。

　ただ「アー」だけではつまりません。吹くことの練習と同じように、なるべく発声が目に見える形でフィードバックされるように、工夫しましょう。
　「アー」と言いながら、黒板に線を書いていって、黒板の端から端まで線がとどくように励ますのも、いいですね。

　「ことばの箱」というのもあります。あき箱を持ち出してきて、「この箱を、声でいっぱいにしてね」とやるわけです。「アーーー」「残念。半分くらいだよ」、「アーーー」「うわあすごい！　ふちまでいっぱいになったよ」と。これは、先生と子どもの演技くらべです。
　最近は音に反応して動くおもちゃがたくさんありますから、遊んでみましょう。

（8）音楽を使う

　毎日の生活のひとつずつが、ことばにつながる訓練だとはいっても、「ねばならない」「しなくちゃならない」という義務感ばかりが先に立っては、疲れてしまいます。その点音楽は、なんとも不思議な力をもっていて、人の心を豊かにし、楽しくさせてくれます。音楽を使えば、子どもと心を通い合わせることが楽しくできます。

　一例として、「あいうえおの歌」を紹介します。簡単なメロディーですから、覚えて口ずさんでください。それぞれに対応する絵カード（裏はひらがな一文字）を作って、子どもとの遊びに使ってください。

2　㋕はからすのか　㋖はきりんのき　㋗はくつのくです
　　㋘はけーきのけ　㋙はこまのこ

3　㋛はさかなのさ　㋝はしんぶんしのし　㋟はすずめのすです
　　㋡はせっけんのせ　㋣はそうじきのそ

4　㋟はたいこのた　㋠はちーずのち　㋢はつくえのつです
　　㋢はおててのて　㋣はとんぼのと

5　㋨はなすびのな　㋧はにんじんのに　㋩はぬりえのぬです
　　㋩はねずみのね　㋪はのーとのの

6　㋩ははとのは　㋪はひこうきのひ　㋫はふうせんのふです
　　㋬はヘリコプターのへ　㋭はほんのほ

7　㋮はまっちのま　㋯はみかんのみ　㋰はむしのむです
　　㋱はめがねのめ　㋲はもものも

8　㋷はらっぱのら　㋸はりすのり　㋹はるびーのるです
　　㋺はれもんのれ　㋻はろうそくのろ

4 きこえのしくみと発達

　耳は目と並ぶ重要な感覚器官です。目や耳の特徴のひとつは、物理的に離れている対象からの情報をとり入れることが可能であるという点でしょう。

　手でさわったり（触覚）、舌でなめたり（味覚）、匂いをかいだり（嗅覚）するには、立ってその対象物のそばに行かねばなりません。けれども、見る（視覚）ぶんには、離れていても十分に見えます。

　聴覚もこれと似ていて、となりの部屋でコップを割った音も聞こえれば、うしろから「オーイ」と呼ぶ声を聞くこともできます。目と耳を十分にはたらかせることによって、人間は自分の守備範囲を10m も 100m もひろげているといえるでしょう。

● 聴覚器のしくみとはたらき

　聴覚器の構造を図−11 に示します。聴覚器は、「外耳」「中耳」「内耳」の三部に分かれます。

　① 外耳

　　・耳介……いわゆる「耳」です。集音器であるとともに、音の聞こえてくる方向の判定に役立ちます。

　　・外耳道……長さ 3.5cm ほどのトンネル。周波数 4000 ヘルツ

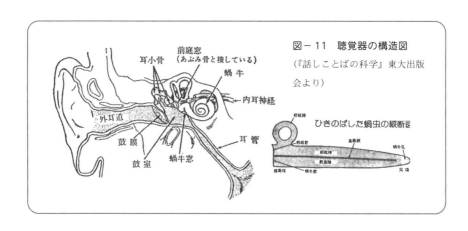

図－11　聴覚器の構造図

(『話しことばの科学』東大出版会より）

前後の高音（人間の声をはっきり聞くために大切な周波数）を増幅してくれます。

・鼓膜……厚さ 0.5mm、直径 1 cm。外部から聞こえる音（空気の疎密波）に合わせて振動します。

② 中耳

・耳小骨……ツチ骨・キヌタ骨・アブミ骨の３つからなり、鼓膜の振動を内耳に伝えるための複雑な動き方をします。

③ 内耳

・蝸牛……カタツムリのような形の器官。内部はリンパ液で満たされています。蝸牛の中はきわめて複雑な構造をしていますが、大ざっぱにいうと、次のようなはたらきをしています。「基底板の上に、有毛細胞という聴毛をもつ細胞が一万二千個ほど並んでおり、音の振動が、ツチ骨、キヌタ骨、アブミ骨をへて、蝸牛の中にある基底板を振動させる」→「基底板の上にのっている有毛細胞の聴毛が、基底板の振動によって向きを変えさせられる」→「聴毛の向きのちがいを、電気刺激に変えて神経興奮（インパルス）として脳に送り出す」。

聞こえた音の刺激が内耳から脳へ送られる間にも、さまざまな複雑な機構があります。

　脳のはたらきや神経の指令は、すべて電気の流れによって行なわれています。聴覚器からの情報も、やはり電気の流れ（インパルス）で行なわれるわけですが、低い音の時だけ応答する（電流を通す）ニューロン（神経線維。電線にあたります）とか、音が一定時間持続した時だけ応答するニューロンとか、一度だけしか放電しないニューロンとか、何度もつづけて放電するニューロンなど、さまざまのパターンによる伝達をへて、大脳に送られます。

　これらの神経の微妙で精密なはたらきは、どんな大型コンピューターを使っても、全く太刀打ちできないほどです。私たちが日常行っている「聞く」「聞いてわかる」という作業も、実は、聴覚器や神経や脳に設計ミスも配線ミスもない、完璧に整備された状態でのみ可能なことなのです。

● 聴覚の発達

　簡単な道具を使った音刺激への反応の発達を示したものが、表－3です。音への反応が6～7カ月で急速に進歩するのが、おわかりいただけると思います。

　聴覚は非常に個人差の大きい分野ですが、子どもの背後から、気づかれないようにカスタネットやすずを鳴らしてみて、反応するかどうか（ふり向く、一瞬動きが止まる、まばたきするなど）見ておくことは必要でしょう。

表-3　3～7カ月児の音素材別聴性反応様式とその出現率（中村・1978）
（㋕＝カスタネット、㋔＝オルゴール、㋛＝よびかけ、㋒＝ワーブルトーン）

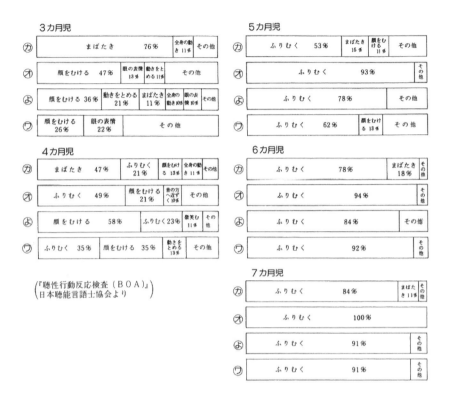

（『聴性行動反応検査（BOA）』
日本聴能言語士協会より）

　呼んでもふり向かないために、耳が聞こえないのではないかと考える先生や親ごさんはとても多いものです。たしかに難聴に気づかれなかったために、知的に遅れているとして扱われていたお子さんが、補聴器を装用したら見る見る進歩した例も、ないわけではありません。

　しかし、呼んでもふり向かない子どものばあい、難聴であるよりも外界への興味のうすさ、反応の乏しさに由来することのほうが圧倒的に多いようです。

「TVのコマーシャルが始まると、どこの部屋にいてもTVの前にとんで来る」とか「お菓子の袋をあける音を聞きつけて食堂に来る」とか「お米をとぎ始めると必ずさわりに来る」といった行動が見られれば、聴力の障害はないと考えてよいでしょう。

それでもやはりはっきりしないばあいは、お近くの病院（できれば言語聴覚士のいるところ）にご相談ください。施設の能力の範囲内で、検査してくれるでしょうし、また適当な施設（病院）を紹介してくれるばあいもあるでしょう。

けれども、知的発達に遅れのあるお子さんのばあいは、聴力検査によってはっきり断定できる結果はなかなか得られないことを、あらかじめご承知おきください。

脳波聴力検査は、眠らせて記録をとりますから、よほど聞き分けのいい子以外は、ほとんど睡眠薬を飲むことになり、薬を飲む時にひとさわぎになったり、睡眠薬のききめが悪かったり、ききすぎたりで、一日がかりの大仕事になることが多いようです。

● 「聞こえる」のと「聞く」のとはちがう

話をしているあなた、ラジオを聞いているあなた、ちょっと耳をすましてまわりの物音を聞いてください。自動車の走る音、暖房器の回る音、時計のチクタクいう音、となりの家の犬のほえる声、洋服のこすれる音、台所でお皿を洗う水の音、ふすまのむこうで子どもが遊ぶ声……実にいろいろな音が、同時に「聞こえて」いました

ね。でも、実際にあなたが「聞いて」いたのは、話し相手の声、ラ
ジオの音。なぜでしょう。

　それは、「聞こえてくる」音の中から、自分に必要な音を選び出し
て「聞いて」いたからです。

　このように、自分の意思の力、集中力を発揮して、まわりの種々
の雑音の中から、特定の音を選び出して「聞く」ことを「カクテル
パーティー効果」などとよんだりすることがあります。カクテルパ
ーティーのザワザワうるさい中でも、ちゃんと相手の話が聞けると
いう意味です。

● 聞かせる工夫

　子どもたちにとって、音やことばの見本が「聞こえて」いるだけ
では不十分です。子ども自身が自分の力を発揮して「聞く」のでな
ければ。それには、大人の側の「聞かせる」ための工夫が必要です。
　まず、BGM（バックグラウンドミュージック）がわりのテレビや
CDを止めましょう。つけるなら、時間を区切ってON・OFFをは
っきりさせましょう。静かなシーンとした環境の中でこそ、「〇〇ち
ゃん」と呼びかける親ごさんの声の効果が生きてきます。
　歌のCDやお話のCDや動画。すこしでもことばを覚えてほしい
という、親としての願いがこめられているのはわかりますが、子ど
もが集中しなくなったら、いさぎよく止めてしまいましょう。むし
ろ、親ごさんがいっしょに歌ってあげましょう。

ＣＤや YouTube などで覚えたことばを手がかりに、ことばが増えていくばあいもありますが、全然ひろがっていかないばあいも多々あります。

　大きい声、高い声、ふつうの声を、自在に使い分けて、アレッ！とおどろきを誘い、聞かせるように仕向けます。人間、ビックリすると、注意が集中するものです。

　肩をたたいたり、手をとって向き合って、目と目をしっかり見つめ合いながら話しかけます。聴覚からだけの刺激をうまく受けとめられない子に、他の感覚（手をつなぐ、肩をたたく）を送りこみ、脳全体をシャッキリ目ざめさせるのです。

　子どもが興味をもっていることを的確につかんで、話しかけます。子どもの興味に合わせたことばかけこそが、「聞く」力を育てます。

　保育園や幼稚園などの集団の場は、とてもにぎやかです。「聞こえてくる」音が、ともすれば多すぎるほどです。特に、自分から「聞く」力の弱い子どもに対しては、いっせいのことばかけだけでなく、個人的なことばかけが大切ですし、時間がゆるせば、静かな場所で一対一でじっくり相手してあげましょう。

　集団の中でそれが無理なら、帰宅してから10分でも15分でも、一対一で落ちつける時間をとりましょう。子どもの発達レベルによっては、絵本を読んであげるのもよいでしょうし、パズルなどをやるのもよいでしょう。

第 4 章

ことばのビルを
建てましょう

1 子どもの発達とことば

● ことばは全体発達の一部

　生まれたばかりの赤ちゃんは、目もさだかには見えず、耳もはっきり聞こえず、固形物をかんで消化する力もなければ、自力で移動することもできません。それが、生後3カ月、6カ月、1年と進むにつれて、見たいと思うものを見、聞こえる音に反応し、ものを手ににぎって口にもっていき、自分の行きたいところへ移動することができるようになっていきます。

　こういった、まるごとの人間としての全体発達にともなって、ことばの力、ことばの基礎となる力も育っていくのです。

　寝がえりもおすわりもできずに、母乳だけを飲んでいる生後4カ月の赤ちゃんが、「お母さん、ぼく、明日から学校に行くよ」と言ったりするのは、おとぎ話の中でもなければ、あり得ません。

　寝がえりも、おすわりも、ハイハイも、泣くことも、食べることも、飲むことも、ウンチすることも、オシッコすることも、すべて全体発達を構成する要素であり、このこと自体が、ことばの力を獲得する準備なのです。

　口にふれる毛布をしゃぶったり、抱き上げてゆすぶってもらったりする刺激が、一つひとつ脳に送りこまれることによって、脳の構

造が高度化していきます。

「ことばが出る」「ことばが言える」ことだけを追いかけるのではなく、子どもが全体として発達することを大切に考えましょう。

背が高くなる、体重が増える、歩ける距離が長くなる、病気をする回数が減る、食べられるものの種類が増える、手の使い方がじょうずになる、などの小さな変化のひとつずつが、ことばへとつながる一歩でもあるのです。

● 発達を支える毎日の暮らし

子どもは、お母さんひとりが育てるものではありません。お父さんやきょうだい、おじいちゃん、おばあちゃん、近所のおばさん、保育園や幼稚園や通園施設の先生、お医者さん、学校の先生……。数えきれないほど多くの人々とのかかわりが、子どもの全体発達をうながすための要因となっています。

けれども、それらを最終的にまとめる役割は、やはり家庭が、お母さんやお父さんが、受けもつことになるでしょう。

いろいろな人たちの意見や経験を聞き、本なども参考にし、自分の子どもの体や性格の特性を見ながら、自分流の子どもの育て方を見つけていくのが子育ての楽しさでもあり、苦しさでもあります。子育ての中で、子どもの限界が見えたり、また親としての自分の至らなさに直面することもたびたびですから。

けれども、ひとりの子どもをまるごと、しかも持続的に見るという点において、親ごさんは、りっぱな専門家です。

幼稚園や通園施設の先生は、子どもを午前9時から午後2時まで、5時間しか見ることはできません。残りの19時間は、親ごさんのものです。学校や保育園は「行く」ところであり、家庭は「帰る」ところであるということから見ても、当然のことでしょう。

　だからこそ、家庭で毎日どういう暮らし方をするかということが、子どもの発達にとって決定的に大切なのです。

　家にいる時間を1分きざみで、ガチガチにすごす必要はありませんが、子どもの発達についての大まかな見通しをもち、ここ2、3カ月はなにを重点にやっていくかという短期目標も合わせもって、焦らずに、それでいてカッチリとした毎日の暮らしを組み立てましょう。

　この章では、ことばを最終的にめざしながら、毎日の暮らしをどうつくり上げていくのかということについて、お話ししたいと思います。

　個々の子どもについての短期目標の立て方や、具体的な指導方法については、直接担当の先生方と相談して、工夫してください。

● **ことばはビルの最上階**

　毎日の暮らしの中で、ひとつずつ積み上げていく、ということをわかりやすく説明するために、ここでは、ことばを「ビル」にたとえることにします。

　「ことばを言える」能力は、このビルでいうと、最上階です。下位

脳のはたらきが整ったうえではじめて、大脳が十分に機能できるという「脳のはたらき」と重ね合わせて考えると、わかりやすいでしょう。

　ビルを建てる時、最初に最上階を作ってしまい、次にその下の階を作るというやり方はあり得ません。まず土を深く掘り、土台をしっかり固めたうえで、地階、１階、２階と、だんだん上に重ねて建てていきます。

　ことばだって同じはずですが、「ことばが出ない」→「それ、言語訓練！」とか、「ことばが遅い」→「それ、絵カード！」と考える傾向が根強く存在しています。

　そういうやり方のほうが、手っとり早いように見えるからでしょう。「ことばが言える」「言えない」という、見た目のできばえだけにとらわれないで、子どもの中にほんとうのことばの力を育てましょう。

　ほんとうの力は、場面が変わっても発揮でき、応用がきき、豊かにひろがる可能性を秘めています。

　「言ってごらん」とうながした時にだけ言えることばが十個あることも、それはそれで貴重なことですが、自分から、場面に即して言えることばが２つあることは、それ以上に大事なことです。

　自分から言えることばの数を２つ以上に増やしていくことと、10個のきまりきったことばを自分からすすんで使えるような場面を用意することと、２本立ての考え方でやっていきたいものです。

下の絵が「ことばのビル」です。ただし、これはだいたいの見取り図です。細かい建て方の順番や内装は、子どもによって変化させる必要があります。

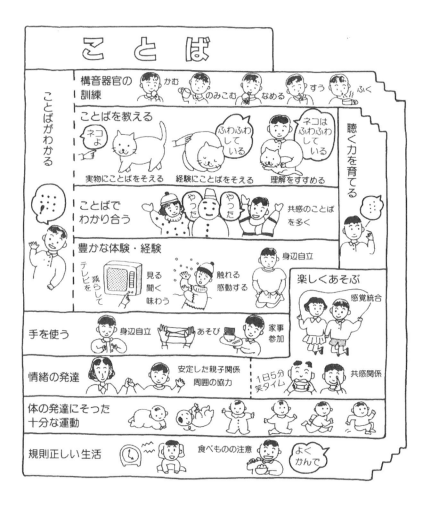

それでは、毎日の暮らしの中で、ことばのビルを建てるための取り組み方について、順々に考えてみましょう。

2 暮らしの中で発達の基礎をつくる

（1）生活リズムと食事

● 規則正しい生活

　人間が生きていくために最低限必要なこととして、「眠ること」が
あげられます。人間を長い時間眠らせないでおくと、錯視や幻視が
おこったり、大脳皮質の活動水準低下を示す脳波が出ることは、よ
く知られています。

　また、眠っている時と起きている時とでは、自律神経のはたらき
やホルモン代謝のようすは、大きくちがいます。

　眠っている時は、心臓の打ち方は遅くなり、呼吸もゆっくりにな
ります。筋肉は全体にリラックスし、消化液の分泌は減り、胃や腸
のぜん動運動は減ります。睡眠は、脳にとっても体にとっても休息
の時であり、明日の活動への準備の時なのです。

　この大切な睡眠を十分に、しかも規則正しくとることは、子ども
を育てるすべての基礎になるということを強調したいと思います。
そして、夜ふかし朝寝坊するのでなく、規則正しく早寝早起きのリ
ズムをつくりましょう。

私たち自身のことを考えても、前の晩に夜ふかしして、8時ごろにぐずぐず起き出した日は、一日中ボーッとして調子が悪いのに、ちゃんと早く寝て朝6時にパッチリ目がさめた日は、なんともさわやかな気分でいられます。

　早寝早起きは、動物としての人間が本来もっている、生体リズムにかなっているからなのでしょう。

　私たちの意識の外で、体は自然のリズムをきざんでいるのです。そのリズムを乱さないように、睡眠、食事、活動の時間を規則正しく配分しましょう。

　ダラダラ寝、ダラダラ食いをやめて、生活リズムの確立に向けて、ともかくも一歩を踏みだすことをおすすめします。たとえ目ざましい効果はないとしても、毎日の生活に流されていくのでなく、生活と前向きに取り組もうとするその姿勢と意気ごみは、子どもや家族全体に、有形無形の影響を与えずにはおかないはずです。

　また、自律神経の中枢の多くは脳幹部に位置します。感覚統合に関連して説明したように、脳幹は脳に出入りするすべての情報のコントロールセンターのような役割を果たしています。

　ですから、生活リズムの乱れや自律神経系の混乱があると、脳幹部は、その混乱を整理することに手をとられてしまって、「これがアオですよ」とか「犬はワンワンって鳴くのね」などとせっかく教えてもらったことが、大脳までとどかないという結果になってしまいます。

● 体によい、バランスのとれた食事を

　生命維持のためのもうひとつの柱は、「食べること」です。食事は、一日の生活リズムをつくっていくうえで、大切な区切りです。規則正しい食事時間を確保するとともに、食事の内容にも気を配りましょう。

　食べるのに楽なもの、おいしいものがいくらでも手に入る時代だからこそ、安全で体によい食べものに、こだわりたいと思うのです。

　特に、甘いもののとりすぎは、むし歯や糖尿病予備群をつくり出すばかりではなく、カルシウム不足をきたすともいわれ、気をつける必要があります。「カルシウムを飲ませると頭がよくなる！」は誇大宣伝だとしても、カルシウムが体のいろいろな部分で大きな役割を演じていることはたしかです。

　甘い食べものだけでなく、1缶に角砂糖4個分も含まれている缶ジュースなどは、極力減らしましょう。ほんとうに水分が必要な時は、水やお茶で十分なはずです。あまり神経質になりすぎるのは考えものですが、甘いものはよくないというデータがある以上、やはり気をつけるに越したことはありません。

　食品添加物も、大問題です。合成保存料、合成着色料、発色剤、合成糊料、酸化防止剤、弾性強化剤などなど。今、ふつうの食事の一日分に含まれる食品添加物は、ひとりあたりスプーンに一杯ずつにもなるといわれています。

けれど、今の世の中で、すべての人が有機栽培の無農薬野菜、抗生物質づけになった養殖ものではない天然ハマチのおさしみ、地面で放し飼いになっていて青虫やミミズをとって食べているニワトリの卵など、いわゆる自然食品だけを食べていくわけにはいきません。

せめて、スーパーなどで買いものをする時に、添加物の少ないものをさがす、どうしても添加物を避けられない加工食品（ハムとかカマボコなどの煉製品）は使う回数を減らす、家で手作りできるものはできるだけ作る、などのささやかな自衛手段をこうじたり、安全な食べものを求める人たちと共同購入したりして、子どもの体にとって悪いかもしれないものを、極力遠ざける努力をしましょう。

● 大切な生活リズムづくりと食事作り

子どもの好きなもの、口あたりのよいものだけでなく、いろいろな食べものをバランスよく食卓に出しましょう。よくかむことは、将来の発音のたしかさにもつながります。

私は、生活リズムをつくることと、バランスのとれた食事を作ることさえきちんとできれば、親としての役割を半分以上果たせているのではないか、とすら思っています。

少々ことばかけがじょうずでなくても、子どもと遊ぶことが好きでなくても、です。それほど、この生活リズムづくり、食事作りはたいへんな仕事ですから。

（2）体の発達にそった十分な運動

● 抗重力姿勢の獲得の歩み

　以前、肢体不自由児を中心にみておられるドクターのお話を聞く機会がありました。その時に話されたことの中で、「体の動きという観点から見ると、人間の発達はつまり地球の重力とのたたかいですよ」ということばが、ひときわ印象的でした。

　背中全体をベッタリとふとんにくっつけて寝ている他にできない新生児が、おすわりするようになると、おしりだけで地面に接して、他の部分は地球の重力に抗して支えていられるようになります。

　四つばいのハイハイは、手のひらとひざとの四点で自分の体重を支えることですし、つかまり立ち、ひとり歩きと進むにつれて、接地面は少なく小さくなり、それだけ重力に抗する力が強くなっていきます。

　それが、やがて年をとると杖の助けを借りて、三点での接地となり、ついには体重を支えきれなくなって、寝たきりになったりします。

　これらすべては、重力という外力との関係で人間が歩んでいく道すじだというのです。なるほど、そういう見方もあったのかと思わされたことでした。

ベッタリ寝ていて、頭だけクルリクルリと動かしてあたりを見回す赤ちゃん、手を伸ばしてふれるものはなんでも口にもっていく赤ちゃん、自力で何十回何百回となく、寝がえりの練習をする赤ちゃん、つかまって立っては、ドシンと座る赤ちゃん、ハイハイで、どこにでも突進していく赤ちゃん、ヨチヨチと歩く赤ちゃん。

　赤ちゃんの姿は、いつ見ても思わずほほえみかけたくなるほどかわいいけれど、その動きの一つひとつが、人間として生きていくための、抗重力姿勢を確立するためのたたかいでもあるのです。

　それぞれの動きの中には、筋肉の発達、筋肉の動かし方の学習にとって、ぬかすことのできない要素が含まれています。

　手を曲げて口にもってくることひとつをとり上げてみても、どこの筋肉をどのくらい緊張させれば、手が口にとどくのかを、何十回何百回となくくり返して、脳の中に「手の曲げ伸ばし回路」をつくり上げていくのです。

　ハイハイをしなかったために、足の力も手の力も弱く、歩き始めてもころびやすく、ころんでも手が出なくて、いつもおデコや鼻の頭にケガしてばかりいるというのを、私は長男を通して、イヤというほど思い知らされました。

　歩行器が子どもの発達にとって有害であると、誰かが教えてくれれば、ハイハイを意識的にやらせることの大切さを知っていれば……と今でも思います。

　保育園や幼稚園で行なわれるような体育遊び、寝がえりゴロンゴ

ロン、ハイハイ、四つばい、高ばい、ぶらさがる、はねる、走る、ボール投げなどの遊びを十分にさせましょう。これらはすべて感覚統合を促進し、体の動きをスムーズにします。

（3）情緒の発達

● ことばとコミュニケーション

　情緒とは、「人間らしい心のはたらき」というような意味です。そして、情緒とことばとは切っても切れない関係にあります。

　ことばは、教えるもの、言わせるものではありません。ことばは、音声（あるいは文字）という一種の記号にのせて運ばれる、「こころ」そのものです。コミュニケーションということばは、もともと一体となり通じ合う、交わり共有し合う、という意味を含んでいると考えられます。

　「ママ」ということばの形式をちゃんと言えるか言えないかを問題にする前に、「ママ（大好きだよ。こっち向いて。声をかけて）」という子どもの呼びかけに対して母親が、「ハァイ（かわいいね。いい子ね。大好きよ）」と答えて、二人ともが同時に、「シアワセー！」という喜びを共有できるような関係が育っているかどうかを、考えてみる必要があるでしょう。

　つまり、ことばによるコミュニケーションが可能になるためには、子どもの心の中に、ことばにのせて伝えたい内容とか、ことばで誰かに伝えたいという気持ちの育ちが必要なのです。

● 子どもの気持ちに共感する

　暗くなりかけていた部屋の一カ所に、ぽっかりと丸く明るいもの
が、突如出現しました。お母さんが螢光灯のスイッチをつけたので
す。赤ちゃんはビックリ。口をとがらせて、あかりを見ては、お母
さんのほうに、「オー！ オー！」と言います。

　「ホラ、見テ。スゴイヨ。明ルイ不思議ナモノ。ネ、オ母サンモ、
スゴイト思ウデショ！」と、その口調と顔つきと体全体で、お話し
しています。

　「なに言ってんのよ。今忙しいのに、うるさいわね。あかりつけた
んだから、明るいのあたりまえでしょ。あかりの1つや2つで、い
ちいちさわがないでよ！」と、内心思いながら、こわーい顔で赤ち
ゃんをジロリ。きゅうりをきざむ手を止めようともしない、A母さ
ん。

　「ああ、アッカね。アッカつけたのよ、パッチンって。あかるいね。
アッカって、あかるいね。あかるいの好きなの？ ねえ。今ね、き
ゅうり切ってんのよ。トントントンって。あとでたべようね。オイ
チ、オイチよ」と、きゅうりをきざむ手は止めないけれど、子ども
のほうを向き、子どもの目とあかりとをしっかりとらえて話しかけ
る、B母さん。

　子どもが、「この人大好き」「この人に伝えたい」「この人にわか
ってもらいたい」という気持ち（コミュニケーション意欲）を強く
もつのはどちらでしょうか。

ことばそのものを追いかける前に、子どもとの関係を見つめ直してみましょう。お互いが好き合っていて、いっしょにいるとうれしくて、安心していられる。そんな二人になれた時、子どもの情緒は、順調に発達していくことでしょう。

● 親子関係、母子関係の安定を支える、まわりの協力

「よい親」「よくない親」と、ひとまとめにしてしまうわけにはいきません。

　障害のある子の下に、まだ小さい赤ちゃんがいて、年中寝不足、夫は仕事人間で子育てには全然協力しないうえに、ブツブツ文句ばかり言う。園の先生には、「もっと遊んであげてください」と叱られる……こんな状態でありながら、子どもにはいつもやさしく応え、声をかけ、おいしくて栄養のバランスのとれた食べものを作り、服の記名も決して忘れないお母さんがいたら、その人は超人です。

　子育ては、それ自身が大事業。ひとりだけでやりとげることは、とても困難です。ましてや障害があったり病弱であったりすれば、なおさらです。お父さんや近所の方たち、おじいちゃん、おばあちゃんの力を借りましょう。

　すすんで仲間をつくり、悩みを話し合いましょう。先生や保育士、専門職の立場からは、親ごさん、特にお母さんのたいへんさをよくわかってあげたうえで、できそうなことを具体的にアドバイスするということで、応援してあげましょう。

周囲のみんなの力に支えられれば、親ごさんももうすこし安定して子どもの発するサイン、子どもの気持ちを読みとり、それに応じてあげるだけの、心の余裕が生まれることでしょう。

（4）遊びは体と心の栄養

遊びは、子どもの体と心の栄養です。ちょっと考えただけでも、次のような意義があげられます。

- ・感覚統合を進める。
- ・楽しい時間を分けもつことで、人との共感関係が育ち、情緒発達をうながす。
- ・手を使う（頭を使う）。
- ・目と手の協応を進める。
- ・想像力や創造力を育てる。
- ・やりとり遊びを通じて、ことばの基礎ができる。
- ・遊びの中で、楽しくことばを覚える。

● 楽しい時間を共有しましょう

子どもの発する小さなサインも見逃さずに受けとめ、応じてあげることがじょうずにできるなら申し分ありませんが、親ごさん（先生）にも得意・不得意があって、どうしても子どもとタイミングが合わないというばあいも多く見られます。

そういうばあいは、１日５分でよいですから、しっかりかかわって遊ぶ時間を意識的につくりましょう。

　そばでニコニコ見守って、やさしいことばをかけてあげるだけでなく、子どものそばに寄り、同じ遊びをやってみましょう。

　——砂を手の間からこぼしてみる。ウワー。砂にさわるなんて何十年ぶりだろう。小さいころはよくやったものだ。「ねえ、砂ってサラサラだね。おもしろいね。穴ほってみようか」と、親ごさんは本気でおもしろくなり、穴ほりを始めます。子どももその迫力に引きこまれて、穴ほりに参加。二人とも砂まみれになって。「あー、おもしろかった。また来ようね」と帰って行く——。

　実際には、なかなかこううまくはいきません。親が誘いこもうとしても、子どもはプイと立ち上がってどこかへ行ってしまったり、自動車の通る危ない道路へ出たがったり。

　でも、大切なことは、「子どもを遊ばせる」「子どもと遊んでやる」という意識を捨てて、「自分が楽しくなろう」「子どもといっしょに遊ぼう」とすることです。

　二人ともが、いつのまにか笑顔になって、笑い声を立て、「あー、おもしろかった」と言える時間を共有することが、二人の関係を育てるのですから。

　「１日５分、笑ってますか？」を合言葉に、今日から始めてみましょう。子どもと遊ぶのって、楽しいものですよ。

● 反応の弱い子ども

　情緒発達が大切と言われても、全然無表情で、どんなはたらきかけをしてもはりあいがないという子どもが増えています。いっしょに遊ぶ楽しさなんて、とても味わえない、と親ごさんはおっしゃいます。私たちも、こういう子どもたちと遊ぶのはたいへんです。

　でも、こういう子どもたちにも必ずお気に入りの遊び、笑顔を見せてくれる遊びがあるはずです。

　抱っこしてグルグルと回すとニッコリする子、すべり台からシューッと落ちる時にニヤッとする子、くすぐりごっこをすると（コーチョコチョコチョと言うだけで）身をよじって笑い喜ぶ子、かけぶとんをバサッとかけると困惑したような笑い方をしてモソモソとはい出してくる子。

　この子たちと遊び、感情交流のとっかかりを得るには、感覚統合を促進するような体を動かす遊びがいちばんです。それぞれの子のお気に入りの遊びをさがし出して、はたらきかけましょう。

　このばあいは、最初から「いっしょに楽しく遊ぶ」という感じになりにくく、はたらきかけるというふうになりがちなのは、やむを得ません。体を通して遊ぶことの楽しさがすこしずつひろがっていけば、だんだんにおもちゃも導入していけるでしょう。

● やりとり遊びの意味

　共に分かち合う、通じ合うという意味での、コミュニケーション

の一部である会話のことを考えてみましょう。話し手が言うことを
よく聞き、話し手が話し終わり、こちらの言うことをよく聞く準備
ができたことをたしかめてから話し始める、という行動が、聞き手
と話し手の役割を相互に交替させながら進んでいきます。

　もしも、ことばが虹の色をして丸かったら、人と人との対話は、
七色のボールが行き交う、夢のキャッチボールに見えるでしょう。

　ボールやおもちゃや道具（スプーンとか帽子）を媒介とするやり
とり遊びは、ことばのやりとりである会話に向けての大切な基礎づ
くりです。

　（手に持っているものを）「ちょうだいな」

　（渡してくれたら）「ありがとう」

　（今度は〇〇ちゃんに）「はい、どうぞ」

　といったことから始めて、おふろで背中をゴシゴシゴシ。「今度は、
お母さんの背中をゴシゴシしてね」。ちょっと離れたテーブルの上の
「お父さんに新聞持って来て。はい、ありがとう」と、すこしずつ距
離を遠くして、次は、ボールのころがしっこです。

　「はーい、行くよ。コロコロコロ」

　「今度は、こっちにちょうだい。こっちよ。こっちよ」

　相手が自分にボールを投げようとするのを期待し、構えて待ち、
受け取る。そして相手がボールを受け取る構えになったのを見とど
けてから、ポーンと投げる。

　こういうことができるようになる中で、ものともの、ものと人と
の関係がつかめるようになり、文構造（「〇〇が△△に××する」）
を行動の中で学んでいくことにもつながっていくと考えられます。

（5）手を使う

● 手の役割

「手は外部の脳である」といわれるように、手は目と並んで、外界を知り、外界にはたらきかけるうえで、重要な役割を果たします。

　人間が他の動物と区別される特徴のひとつに、「直立歩行によってひまになった前肢＝手で、道具を作り、道具を使う」ということがあげられます。

　また、五本の指を使って、つまんだり、つっついたり、なぞったり、きわめて微妙な動きをすることができるのは、人間だけです。

　もし、馬による自主運営の競馬場ができたとしても、馬券を売るのに困ってしまう、ひづめでは馬券が渡せないからという話が、ある本に出ていて、思わず笑ってしまいました。

　脳のしくみのところでお話ししたように、手と口をつかさどる領域は、脳の中で、広い面積をしめています。これは、手や口が、そのぶん細かい動きの調節が可能であるということを示しています。

　手や指の動きと、ことばとの間には厳密な意味での対応関係はありませんが、関連は大いにあると、私は考えています。少なくとも、手を使う時は脳もはたらいているわけですし、ボーッとつっ立って葉っぱがゆれるのを一日中見ているだけよりは、手を使い、脳をはたらかせるほうが、ことばの発達の可能性は高いのです。それは、「経験を増やす」という視点から見てもです。

● いろいろな手の使い方

手を使うには、いろいろな場面が考えられます。

- ドアをあける……にぎって、回す動きです。
- 顔を洗う……手のひらを容器として使います。指先をしっかり
  伸ばさないと水がこぼれます。
- 手を洗う……いつもいつも、大人が外側から手をはさんで洗っ
  てあげてはいませんか？ その介助の手をすこしずつ減らし、手
  のひらも手の甲も、自分で洗えるようにしましょう。
- 食べる……スプーン、フォーク、おはしを使います。おやつの
  時も、ボーロや一口あられ、コーンスナックやエビせんのよう
  な、ひとつずつ、つまんで食べるものをとり入れましょう。
- 身じまい……くつをはく、ボタンをとめる、ファスナーを上げ
  る、くつ下をはく、など。
- 手つだい……食器を運ぶ、食器を洗う、自分の使ったお手ふき
  を洗い、しぼる、洗たくものをたたむ、きざみものの手つだい、
  肩たたき、草とり、など。その気になれば、山ほどの課題が考
  えられます。その中のいくつかを選んで重点的に、長つづきす
  るといいですね。
- 遊び……砂遊び、水遊び、粘土遊び、手遊び、指遊び、パズル
  ボックス、もぐらたたきゲーム、など。

わかることがら、 わかることばを増やす

● 「わかることば」と「言えることば」

　子どもは、あることばを言えるようになる前に、まず、そのことばがわかるようになります。「そろそろオマルにかけてみようか」などと話していると、赤ちゃんがスタコラ逃げ出したりするのが、よい例です。

　生活の中で、実際に行動してさまざまな体験を重ね、それをことばと結びつけて理解することによって、子どもは、ことばがわかるようになります。

　下の氷山の絵をご覧ください。水面下の、「わかることがら」「わかることば」が、たくさんたくわえられてはじめて、「言えることば」が水面上にあらわれるのです。

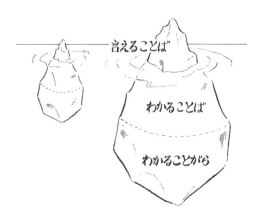

ことばの表出
「ジュース」と言う

ことばの理解
「ジュース飲む？」とたずねるとうなずく

ことばに関連した体験・行動
「ジュース飲む」という行動

「急がば回れ」のことわざのように、ことばが言えることだけを焦らずに、水面下の部分を大きく太らせることをめざしましょう。

（1）聞く力・聞き分ける力

　ことばを理解する窓口は耳です。そのためには、音を聞く力、聞き分ける力が不可欠です。

・音のON-OFFをはっきりさせる……テレビやＣＤの音が、ダラダラ一日中聞こえている状態は、なるべく避けましょう。30分つけたら消す、音楽のＣＤもＢＧＭ（バックグラウンドミュージック）にしないで、「さあ！　聞くゾ！」と構えて聞き、聞き終わったら止めることにするほうがいいと思います。「たくちゃん！」と呼ぶ親ごさんの声は、まわりが静かな時のほうが耳にとどきやすいものです。

・生活音に注目させる……そうじ機をかける「ブー」というモーター音。お米をとぐ「シャキシャキシャキ」。ドアをしめる「ギーバタン」。時計が鳴る「ボンボンボン」。２階で人が歩く「ドタドタドタ」。

　生活にはいろいろな音がつきものです。それらの音に注目し、その音源をさがす体験をこころがけましょう。

炒め物をするのを見せ、「ジャーッ」という音を聞かせる、「雨かな？」と耳をすまして、窓をあけて手で雨だれを受けてみる、洗たく機のブザーが鳴ったら、「なんの音だろう」とつれて行き、「ああ、洗たく終わったよーだった」と教えるなど、いろいろあります。

・生活音の聞き分け……十分に生活音を体験してから、パトカーや洗たく機、電話などの音を聞かせ、それを絵カードや写真の中から選ぶのも楽しそうです。効果音を集めて、市販されているものもあります。

・音の出るおもちゃで遊ぶ……ハーモニカ、タイコ、笛、ラッパ、ピアノ、あるいはおさんぽワンチャンとかメロディーポッポなど、子どもがはたらきかけると、音を出して応えてくれるおもちゃがたくさんあります。

・動物の鳴き声クイズ……絵カードやぬいぐるみ、お面などを使って「ワンワン」といったら犬、「ワーオ」はライオン、「ニャーニャー」はネコというふうに、鳴き声であてっこします。

（2）心を動かす体験

◉ 大切な、ハッとする心

　お母さんの飲んでいるコーヒーをほしがる子どもに負けて、一口なめさせました。

「え？　コーヒー飲みたいの」と言いながら。

「ウワッ、マズイ！」子どもは顔をしかめます。

「にがかった？　コーヒー、にがいにがいね」

　お母さんは、その子が「コーヒー」ということばをレパートリー
に加えるのかと思ったのに、その子は、それ以後コーヒーを見ると
すぐ、「ニガイ。ママノ」と言うようになった、ということです。

　カップに入っているコーヒーの絵を見せられて、「これはコーヒ
ー。おいしいんだよ。ママが飲むの」とだけ教えられている子ども
にくらべると、この子は「コーヒー」という名前そのものを言える
ようにならなかったとしても、「コーヒー」というものの実体につい
て、なんと深く理解できたことでしょうか。

　「コーヒーは、茶色い色をしていて、ふしぎな香りがして、コーヒ
ーカップに入っている。ミルクをまぜてうす茶色にして、スプーン
でまぜて、大人がおいしそうに飲む。熱いから、ボクがいきなりゴ
クゴクやると危ない。こぼすと茶色いしみができるからって、ママ
がうるさく言う。一口もらったけど、にがくて、まずくて、ひどい
ものだったよ」

　その子がもし自在にお話しができるとしたら、きっと、こんなふ
うに話してくれるでしょう。こうして彼は、いちばん印象の強かっ
た「ニガイ」ということばを覚えたのです。

ことばを覚えるためには、心がハッと動くことが不可欠です。感動とは「深くものに感じて心を動かすこと」（広辞苑）と説明されています。私たちが、「ものに感じ」たり「心を動かし」たりするのは、なにも名月をあおいで涙したり、映画を見て感激する時ばかりではありません。

　秋の街で、どこからともなく、金木犀の香り。「ああ、いい匂い」

　家で敷居につまずいて、親指をグキッ！「あいたたた！」

　ノラネコが、うちの庭でお昼寝中。「んまあ！　ずうずうしい！」

　生きていて、体を動かし、目や耳をはたらかせている限り、心だって年中はたらきつづけています。

　いろいろなものを実際に見て、聞いて、さわり、味わい、おどろき、ハッとする体験を十分にさせましょう。

　動物園につれて行って象やライオンを見せるのも体験ですが、おとなりに遊びに行った時にネコをなでさせてもらうのだって、りっぱな体験です。

　リンゴをいつもきちんとむいてお皿に盛って出すのでなく、子どもの前で、洗ってむいて、四つ割りにしてあげましょう。長ーくつながった皮に手を伸ばしたら、ちょっとかじらせてみてもいいですね。芯だって種だって、かじってみなくては、まずいかおいしいかわかりません。

　「イタズラ」から遠ざけて、「ダメヨ」「アブナイヨ」「バッチイヨ」ばかり言っていないで、どんどん体験させましょう。やってみたい、

さわってみたい気持ちを育てましょう。もちろん危険なこと、いけないことは、キッパリ禁止します。

● 感動を共有することばかけ

体を動かし、体験することが多ければ、心が動くチャンスも多いものです。また、楽しくはなくても、毎日の暮らしの中で、雨戸あけとかお皿ふき、ふとんたたみなどの仕事や、着がえ、歯みがきなどの身辺処理をきっちりやりとげることは、それだけで貴重な体験を積んでいることになります。

感動的・印象的なことがあったら、すかさずことばにかえて、その気持ちを子どもと分け合いましょう。

リンゴを食べながら、「これはリンゴよ。紅玉っていうの」と、リンゴの名前を教えるだけではなくて、「このリンゴ、おいしいねえ」と、その時の気持ちを分け合いましょう。

まっ赤な夕焼け空をじっと見ている子どもに、「夕焼け。赤い色だね」とドライに教えるのでなく、「うわー！ 夕焼け。きれいねえ！」とせまりましょう。

喜んだり悲しんだり、年中感動し、それを素直に口に出すことができる親に変身できた時、子どもの態度も微妙に変化し、「かわいく」なってきたと気づかれることでしょう。

● テレビは手軽な子守ボックス

　テレビの効用と害については、いろいろ言われています。画面の
チラツキが子どもの目と脳にとって有害である、流れ去る刺激に慣
れてしまうと能動性が低下する、機械音に反応して人の声に応じに
くくなる、など。

　「豊かな体験をさせる」という観点から見ても、テレビはお手軽な
子守ボックスにすぎず、共に遊ぶ楽しさとか、なにかをつくりあげ
る喜びや感動を味わわせてはくれません。

　「テレビをつけとけば、なにか覚えるかもしれないと思って」と、
おっしゃる親ごさんによく会います。また、テレビの体操をまねた
り、歌を覚えたりする子どもは、たしかに見うけられます。

　こんなふうに、テレビを自分のものとしてとり入れることができ、
テレビを楽しむことができるだけの力が育ってきている子どもには、
すこし手綱をゆるめてもよいかもしれませんが、CM ばかりを熱心
にくり返すとか、ただつけておくだけといった子ども（主として、
対人関係に問題をもつ子ども）にとっては、テレビはむしろマイナ
スに作用すると考えたほうがよいと思います。

　夕方の忙しい時間、30 分か 1 時間だけテレビに頼るのはやむを得
ないとしても、他の時間はきちんとスイッチを切って、テレビ画面
の中でではなく、実生活の中で「なにか」をし、体験を増やしたい
ものです。

（３）　自分で生きていく力

　体育の時間の事故がもとで、けい椎損傷を受け、首から下は手も足も全く動かせない青年が、こう語ってくれたことがあります。

　「みなさんは、ごはんを自分で食べることができるのを、うれしいなどとは考えたこともないでしょう。
　ごはん、おかず、おつゆ、おつけものを、食べたい順に、食べたい量ずつ、口に自由に運んで食べるのが、あたり前だから。
　でも、僕には、そのあたり前のことがたまらなく、うらやましい。

　僕は、スプーンを持てないし、手を動かすこともできない。全介助で食べさせてもらっています。
　介助の人は、忙しくて、すこしでも早く終えようと思うせいか、ごはんを、スプーンにたくさんよそって、口に入れます。
　僕が自分で食べられるなら、この半分くらいにするのだがと思いつつ、飲み下します。
　次はおつゆを一口飲みたいなと思っても、また、白いごはんが口に運ばれてきます。ほうれん草をもう一口と思うと、３回つづけて煮豆が口に入ってきたりもします。

　生きているうちに、一度だけでいいから、自分の望む順番に、自分の望む分量の食べものを口に運ぶ、という食事をしてみたいと思います」

私たちは子どもたちを相手に、身辺自立、身辺自立とうるさく言います。なんのために、そう言いつづけるのか、この青年の話を聞いて、すこし見えたような気がしました。

　トイレに行って自分で始末できること、着がえがひとりでできること、食事が自分でできること、これらすべてのことは、まわりの人（親や先生）が楽になるということと同時に、その子ども自身が、自分の人生を自分で生きていく力を育てることになるのです。

　他の人の世話になって生きるのではなくて、自分で生きていける子どもに、とでもいいましょうか。

　「できないからかわいそうと思って、いつも親が手出しをする。20歳になってもできないままでいたら、ほんとうにかわいそうなのは本人です。子どもは、やらせれば必ずできるんです。ちょっとした工夫さえしてあげれば」と、ある通園グループの先生は、口ぐせのように言っています。

　身辺自立に関して（洋服の着がえ、オシッコ、ウンチ、食事、洗面、歯みがき）、今はまだ無理とばかり言っていないで、保育園や通園の先生方の知恵を借りながら、意識的に前へ前へと進みましょう。

　身辺自立に関連する動作は、目と手の協応動作を中心課題とする、動作訓練として位置づけられるものばかりです。

・ボタンをはめる

・くつをはく

・パンツをぬぐ

・かぶりのシャツを着る

・スプーンを口に運ぶ

・なしをフォークで刺す

　体や手、足、それに目を使わずにはできないことばかりですね。こういう毎日くり返される動作を意識的に、ひとつずつキチンとやりぬいてこそ、目で見る力、手を使う力、体をじょうずに使う力を育て、ひいては、自分のことを自分でやっていける人間に育てることができます。

（4）体験の中から「概念」を育てる

● ものの名前

　「概念」とはなんでしょうか？ 広辞苑によれば、「事物の本質をとらえる思考の形式」と書いてあります。

　むずかしい理屈は苦手な私ですが、となりの家の三毛猫を見ても、道を横切る野良猫を見ても、本にのっているペルシャ猫を見ても、「ネコ」だとわかります。これが、いわゆる概念というものです。

けれども、「なぜ、ネコだってわかったの？」と、聞かれたらどうしましょう？「足が４本あって、毛がはえてて、耳が三角形してて、顔はわりに丸くて……。エート、エート……」と説明しても、「熊とはどうちがうの？」「ヒョウと見まちがえたんじゃないの？」などと、次々に質問されれば、「もおー！　うるさい！　ネコはネコなの！　言わなくたってわかるでしょ！」と怒り出したりするかもしれません。

このように、「ネコ」の実体を定義し、類似の他のものと区別するやり方を、私たちは多くのネコとの遭遇の中で、身につけました。そのため、いちいち言語化することのむずかしい、「体で覚えた」「身についた」という要素が、たくさん含まれています。

親戚の家の「ゴロ」にひっかかれたこと、闇の中でギラッと光る２つの目を見て、「ギャー！　おばけ！」と大さわぎしたら、実は黒猫だったこと、玄関のすき間からスッと入りこんで、ハムサンドをぬすみ食いした、あのにくらしい野良猫め！……。これらの体験のすべてを総合したものが、「ネコ」という概念です。

「ネコ」のように「ものの名前」で表される概念はまだ教えやすいのです。そのつど、「あ、ネコだ」「ネコ、いたね」「おとなりのネコだ。三毛猫」と、ことばをかければ、まあそのうち覚えられそうですから。

けれども、大きい小さいとか、多い少ないとか、色とかの概念はどうしましょう？　大きい・小さいを例にとって、考えてみましょう。

● 大・小などの抽象的なことば

　大人もののＳサイズくらいのトレーナーをかざして、「これ、大きい？小さい？」と急に聞かれても困ります。夫が着るためには小さいし、子ども用にするためには大きすぎます。

　「これ、おたくの○○くんにどうかしら？　大きすぎる？」と聞かれれば、すんなりわかります。子どもの体つき（基準となる大きさ）にくらべて大きすぎる、とすぐにわかります。

　生活の中でも、なるべく大小を対比させましょう。

　おやつに、大きいおせんべいと小さいおせんべいをいっしょにお皿に入れて出して、「大きい、小さい」と言いながら食べます。Ｌサイズとサイズのみかんを買ってきて、「大きいのにしようか、小さいのにしようか」と子どもに選ばせます。晩ごはんのおかずを盛る時に、「大きいお皿と小さいお皿、取ってちょうだい」と手つだわせます。ケーキをわざと大小に切って、大きい小さいを選ばせます。

　体で感じる大小、目で見てわかる大小に、「大きい、小さい」ということばをのせていくことが必要です。
　「ブカブカですぐ脱げてしまうお父さんの（大きい）くつ」
　「両手でやっとかかえられる（大きい）クマのぬいぐるみ」
　「口をいっぱいにあけてもかじれない（大きい）ハンバーガー」
　「はいてみるとお腹がキューッてなって苦しくなる（小さい）ズボン」

「おしりがギューッてなって座れない（小さい）ベビー用のいす」など、実際の大きい小さいを、自分の体を通して体験させましょう。

そのさい、必ず「大きい」「小さい」のことばをそえてあげることが大切です。

同様に、色や、太い細い、長い短いなどについても、ひとつずつ体験に即して教えましょう。そのうえではじめて、画用紙に書いた直径10cmの円と直径5cmの円を見せて、「どっちが大きいかな？」と問うことが、意味をもってくるのです。

● 待たせる工夫で概念形成

「おやつですよ」って呼ばれたのに、なにものっていないテーブル。でも、お母さんは、ケーキ用のお皿とフォークを出してきました。そして、なにか箱を持って来ました。あけてみると……あっ！ケーキだ！今日のおやつはおいしいケーキ。早く食べたいな。でも、お母さんは「まだですよ」って。お茶がつがれて、ケーキがお皿にのせられて、やっと、「いただきまーす」。なんておいしいんでしょう。

待たされることによって期待がふくらみ、イメージが豊かになるということは、誰もが経験するところです。これは、概念形成にとってとても大切なことです。この子は待てないからと、いつも先回りしないで、積極的に待たせる工夫をしましょう。

（5）ことばを教える

● ことばは、自分から覚えるもの

　ことばが教えられることで身につくものなら、日本人はみんな英語に不自由しなくなるはずです。なにしろ、6年間もしっかり教えてもらえるのですから。けれども、実際にはそうではありません。

　子どもがことばを習得するばあいも、教えられて覚えるのではなく、自分から覚えたいと思う時に、覚えたいと思うことばを覚えるのです。
　「あかんべーだ」「いーだ」「このやろう」などのことばを、子どももはすぐにまねします。「悪いことばは一度で覚えてしまって、困ります」と親ごさんたちが嘆きます。
　こういうことばのもつ迫力や、他人が示す反応、その場の雰囲気などが、きわめて印象的でおもしろいので、子どもはすぐに覚えるのでしょう。

　なんらかの障害で、ふつうのやり方ではことばを覚えにくい子どもたちに、より覚えやすいやり方を工夫することが、ここでいう「ことばを教える」ことの中身です。

① 楽しく、自然に……ことばは、人と人とのかかわり合いの中で育ちます。大人が子どもに一方的に教えるのではなく、二人がいっしょにふれ合い、学び合うのです。教えよう、言わせようとする構えは、むしろ捨てましょう。子どもが、「この人大好きだ。名前を覚えたい」「これはすてきだ。なんていうのかな？」と、自分から覚えずにはいられないような、楽しい時間、楽しい場面を用意して、自然な学習を進めましょう。

② 豊かなことばかけ……毎日、夕焼けが見えるマンションに住んでいる子どもでも、「夕焼け、きれいねえ」とことばをかけてもらわなければ、「夕焼け」も「きれい」も、わかるようにはなりません。

子どもの興味に合わせながら、感動を分け合いながら、いつも、ことばをかけましょう。

泣いたらことばかけ、「おお、よしよし。痛かったねえ」

笑ってもことばかけ、「ああ、おかしい」

起きたらことばかけ、「おはよう。今日は、早いのね」

寝てもことばかけ、「もう眠いの？　おやすみ」

ゆっくり、はっきり、わかりやすいことばかけは、子どもの発音をしっかりさせていくためにも有効です。

③ わかりやすく整理して提示する……「鉛筆をけずったら、明日の用意をして、ねまきに着がえて、歯をみがくのよ」と、一度に言ってしまわないで、ひとつずつをやり終えるのを見とどけながら、「ねまき着ようね」「歯をみがきなさい」と声をかけましょう。

④　「言語指導」……生活の中で、くり返し体験することだけでは、うまく覚えていけない子どもたちがいます。生活場面の雑多な刺激の中から、必要な情報だけに注意を払うことが苦手な子どもたちです。こういう子どもには、一対一で、じっくり「指導する」ことが、有効なばあいがあります。次の4（P144）に紹介するのは、言語理解の発達を進めるための、大まかな方向性です。

しかし、限られた場面で、限られた材料を使って、ことばを教え始めると、そのことだけに熱中しがちです。

生活の中での取り組みの大切さを、たえずたしかめ、はたらきかけることも忘れずに、こういう方法をやってみることも、よいでしょう。

（6）構音器官の訓練

発音がおかしい、ラッパを「ダッパ」、ウサギを「ウタギ」というなどの問題は、発達に遅れのある子にはよく見かけられます。構音訓練については、第3章で詳しくお話ししました。

日常生活の中では、「正しいことばを、ゆっくり、はっきり、くり返して聞かせること」が、いちばんの訓練です。

子どもが、「あ、ウタギたん」と言っても、「ウタギじゃありません。ウ・サ・ギ。言ってごらん」と追いつめるのではなく、「そうだね。ウサギさんね。ピョンピョンって」と、さりげなく正しい音を聞かせてあげましょう。

4 「わかることば」を増やしましょう

● 「ことばが言える」ことと「ことばがわかる」こと

「プロヤキューニュースヲオトドケシマス」「ビデオカメラガヤスイ」など、長くつなげたことばをブツブツたくさん言えるのに、「手を洗っていらっしゃい」ということばがわからない子どもがいます。

一方、まだ全然ことばを言わないけれど、「さあ、寝ましょう」というと、自分から着がえを始める子どももいます。

この二人は、障害のタイプがちがうので、単純に比較することはできませんが、少なくとも、ことばをことばらしく、つまり人と人とがかかわり合う手段として使えているのは、二人目の子どもです。

二人目の子のほうが、ことばの力が水面上に顔を出す日、つまり、言えることばが出る日が近いのではないかと考えられます。

ことばが言えるようになるために、わかることば、わかることがらを増やすような、暮らしがなによりも大切です。

そういう暮らし方とは、今まで、ひとつずつお話ししてきた、「ことばのビルを建てる」暮らし方のことで、これによって全体発達がうながされ、ことばの基礎となる力が育ちます。

144

● 「わかることば」を増やすための留意点

障害のある子どもの「わかることば」を育てるさいに、特に注意していただきたいのは、次の点です。

① 経験を増やすことを、意識的にする

体を動かす、食べる、見る、聞く、ふれる、作る、いろいろな場所に行く、いろいろな人に会う、お手つだい、集団（保育園など）への参加、遊ぶ、など。生活することそれ自体が「経験」の連続でもありますが、障害のある子どもを育てる時には、意識的に経験を増やそうとしながらかかわることが必要です。

雨の日、庭に、容量の同じ2つの入れものを出しておきます。ひとつは洗面器、もうひとつは口が狭くなっている素焼きのつぼです。ふりそそぐ雨は「経験」です。洗面器は多数派のお子さん、素焼きのつぼが障害のあるお子さんと考えてみます。

8時間後、雨水がたくさんたまり、漏れ出ることが少ないのは、洗面器です。それに対して素焼きのつぼ、つまり障害のある子どもは、入口が狭いのですから、長い時間、回数多く雨にふれさせてあげる必要がありますし、庭のどういう場所に、どういう向きで置いてやれば、より雨が入りやすいかを工夫することも必要です。

また、せっかくたまった雨水も、漏れて減りやすいので、たえず補給してあげなければなりません。

障害のあるお子さんにとっての「経験」は、このように、意識的に、回数を重ね、子どもにわかりやすいやり方を工夫しながら、積み重ねていくことが大切です。

　② 実体験に即して、ことばをかけること
　「見たら言う」「聞いたら言う」「さわったら言う」「泣いたら言う」「笑っても言う」「寝ても起きても言う」をモットーに、なにかの体験を重ねるたびに、こまめにことばをかけます。

　「ワンワンいたね」「ブーンだって」「フワフワね」「痛かった、痛かった。おお、よしよし」「ああ、おいしい。うれしいね」などと。実況放送的に、ただことばをかけるのではなく、子どもの興味や気持ちをよく読みとり、子どもの気持ちになりながら、ことばを分け合うつもりで、ことばをかけましょう。

● 言語理解の発達を進めるプログラム

　「わかることば」を増やすための具体的なやり方を、すこし整理してご紹介しましょう。
　これは、私たちが「言語訓練」とか「言語指導」といわれる時間にこころみる、言語理解の発達を進めるためのプログラムの一例です。くり返し申し上げておきますが、これは、全体発達をうながすようなはたらきかけ、つまり、毎日の暮らしをしっかり積み上げていくことと同時に行なわれた時に、はじめて、効果をあらわします。

① 状況判断、場面の全体的理解

　生活や遊びの中で、ことばかけで行動できる。「くつぬごうね」「ごはんですよ」「席についてください」。

② ものの扱い方がわかる

　帽子を見たら頭にもっていく、おもちゃの電話の受話器を耳にあてる、歯ブラシを口にもっていく、など。大切なことは、実際に歯をみがく場所（洗面所）ではない部屋（例えば茶の間）で歯ブラシを見ても、口にもっていけるということです。

③ ものの組み合わせがわかる

　コーヒーカップとスプーン、タイコとバチ、ボールとバットなどの、片方を見てもうひとつのものと組み合わせることができる。箱の中にスプーンとバチとバットを入れておき、ボールを渡して、「これといっしょに使うのは、どれかな？」とことばをかけ、箱の中からさがし出します。机の上に並べておいてもいいでしょう。

④ 身ぶりによる「ちょうだい」などの理解

　「ちょうだい」ということばかけと身ぶりとを合わせて示し、ものを手渡しできる。「投げて」とか「取って」なども。

⑤「ちがう」ことがわかる（実物）

　同じ何個かのものの中にひとつだけちがうものをまぜて、「ち
　がい」に気づかせる。例えば、犬のミニチュア 6 個に猫 1 個、
　黒いカラーペン 15 人分が入っているひき出しにハサミがひと
　つだけまじっている、など。

⑥「同じ」ものを集める

　ピンポン玉 5 個とビー玉 5 個を、2 つの箱に分けて入れるとか、
　ミカンとリンゴを分ける、など。

⑦ 実物によることばの理解

　「くつ」「ぼうし」「はさみ」などの実物を机の上に並べて、大
　人が言うものを取る。

⑧ 実物と絵カードの対応

　「くつ」の絵カードを提示して、「くつ」の実物を取る。

⑨ 絵カードによることばの理解

　「りんご、どれ？」「りんご、ちょうだい」に対し、指さしたり、
　手渡したりできる。

⑩ 絵カードによる機能、用途の理解

　「ワンワンって鳴くのは、どれ？」「頭にかぶるのは、どれ？」
　などに対して、答えられる。

細かい順序や、教材の工夫は、それぞれの子どもに合わせて変化
させる必要があります。

　このようなことばの指導を始めたとたんに、生活全般での努力が
おろそかになり、「お勉強」ひとすじに打ちこんでしまう親ごさんが
多いものです。
　プログラムに従ってひとつずつ教えていくことも、たしかに大切
ですが、教えられたことの中身を、実生活と結びつけながら自分
の中にとりこんでいけるような、豊かな環境づくり、土台づくりを、
決して忘れないでください。

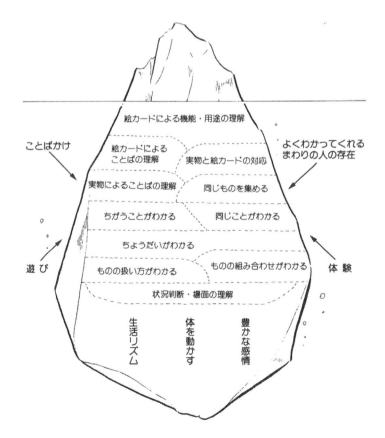

5 ことばの力が生きる時

● ことばが言えることの他にも大切なことが

　理論的には、ここまでしっかり積み上げれば、ことばが出るはず
ですが、現実にはなかなかそうはいきません。

　「これだけいろいろなことができてわかっているのに、なぜことば
が出ないんでしょうねえ」と首をかしげたくなるような子どもたち、
自分だけの世界に閉じこもったままの子どもたち、生きていること
がやっとという重い障害の子どもたち。そういう多くの子どもたち
のことを、どう考えたらいいのでしょうか。

　ことばはたしかに、人間を人間たらしめる特徴のひとつです。け
れども、たとえことばを言えなくても、人間は人間です。喉頭ガン
の手術のために声を失った人も、失語症でことばをうまく話せなく
なった人も、重い障害で寝たきりの子も、みんな人間です。人と人
の間に生まれ、人と人の間で生きる限り、みんな人間だからです。

　動物の世界では、すこしでも欠陥があれば容赦なく置き去られ、
淘汰されてしまいますが、人間はそうであってはなりません。

　あるドクターは、非常に重い障害の子どもたちについて「人類が
種としての高い水準を保ち、さらに進化をとげようとするかげには、
必ずそのひずみを背負って生まれてこざるを得ない存在がある。こ

の子どもたちはそういう存在である」と述べられました。私もそう思います。

　私は、そういう存在を淘汰・排斥するのでなく、仲間の一員として、いっしょに生きていこうとすることが、人と人の間で、人といっしょに生きている私たちの人間性、人間としての尊厳なのではないかと思うのです。

　たとえ、ことばが出なくても、そのことによってダメな子、ダメなやつと決めつけるのではなく、その子の今、立っている場所に行き、その子と同じ高さになって、その子としっかり向き合いましょう。ことばが言えても言えなくても、その子のいのちとあなたのいのちと、重さは全く同じです。その子がなにを感じ、なにを考えているのか、じっと目をこらし、耳をすまし、心を向けてみましょう。

　音になってあらわれることばだけでなく、しぐさや手の動きのひとつずつ、まなざしや表情のすみずみまでわかろう、分け合おうとしてみましょう。子どものペースにうまく入りこめた時、話しことばを超えたコミュニケーションの世界があるのだということが、きっとかいま見えてくるにちがいありません。

　以前に聞いた話です。大脳皮質のほとんどが欠損している重症心身障害児がいました。生きているのがやっとで、「発達」はとても望めそうもありません。「先生だったらこういう子に対して、どうなさいますか」とたずねられたある先生は、じっと腕組みして考えたあと、「私だったら、その子を抱っこして、一日中、日なたでゆすぶってやるだろう」とお答えになったそうです。

障害はどんなに重くても、ことばは使えなくても、心を通わせ、まごころをもって接することはできる、ということでしょう。

　この子はその後亡くなりましたが、保育士の献身的なかかわりに、時々、笑顔を見せるようになったということです。その笑顔が単なる顔面筋のけいれんであったのか、保育士の思いこみであったのか、ほんとうの笑顔であったのか、それはわかりませんが、障害をもつ子どもとのかかわり方について考える時に、いつも思い出されるエピソードです。

　「なにかができるように」「ことばが言えるように」ということばかりを追いもとめて、つらくなったら、時々こういうことを思い出して、人と人のかかわり、共に生きるということの原点に立ちもどって考えてみてください。

　ことばが言える能力、ことばを使える能力を、すべての子どもたちの中に育てようということが、私と読者の皆さんの共通の願いです。が、ことばがすべてではない、ことばを超えたなにかの存在にもふれてみよう、と思えるだけの余裕もまた大切にしたいものです。

● ことばの力が生きる時

　言えることばがたくさんあっても、人と心を通い合わせることの苦手な子どもがいます。絵本を見て「せんたくしてる」と答えられても、自分ではタオルひとつしぼれない子どももいます。

　ことばを知っていること、言えることだけが、よいことなのでは

ありません。ことばを使うことによって、他の人とわかり合い、結び合えること、毎日の暮らしをより安定してすごせるようになること、ことばによってできることがらが増えていくこと。これらのことが、私たちが「ことば」に期待する役割です。

　日本の心理学者、岡本夏木先生の名著『子どもとことば』（岩波新書）に、こんなエピソードがあります。

　「（岡本先生が校長をつとめていた特別支援学校の卒業式の日）中学部の卒業生のなかに、登壇があやぶまれる生徒のひとりがあった。自閉的傾向が強く、3年前の小学部の卒業式では登壇せず、私がフロアーへ降りて証書を渡した子だった。しかし、彼は今、ひとりで壇を上がってきた。私はやや声を早めて証書を読み始めたが、その間彼は何かひとりごとを盛んにつぶやくようであった。彼は日頃から反響語やひとりごとをくり返す癖があった。しかし、やがて、今彼がつぶやいているのが『どうもない、どうもない』というくり返しであることが私に聞こえてきた。

　身を洗われるような感じが私を走った。その子は、集団行動に加わるのを恐れる時や、プールに入ることができない時、先生や友だちからはたえず『どうもない、どうもない、やれ、がんばれ』と事あるごとに励ましつづけられていたのである。（中略）前日までの卒業式の練習でも、登壇をひるむ彼を、先生たちは『どうもない、どうもない、上がれ』と叱咤激励してきたのである。

　その彼が、今、私の前で日頃皆から言われてきたことばを、自分で用い、自分で自分を励ましながら、必死に不安にたえようとして

いるのである。それはもはやたんなる反響語ではない。

外から人によって与えられてきたことばを、わがものとして、自分を支える契機として今使っているのである。ことばの獲得とは、まさにこういう過程をいうのであろう。

私は気づいた。そのことばはまた、自分も幼い日々、先生や親たちから、たえずかけられてきたことばであったことを。さらに思った。自分もまた、これからは苦しい時や恐ろしい時、『どうもない、どうもない』ということばを使うことによって、自分を勇気づけていきたいと。

私たちが語りかけることばを、子どもがわがものとし、彼らがそれをつぶやくようになる。そして私たちがその彼らのつぶやきをあらたにわがことばとしてつぶやき直してみる。そこに相互の深い理解が生まれ、ことばは真に私たちの共有するものとなるのではなかろうか」

実生活に即して、経験を重ねながら、応用のできることばを獲得すること……、口で言うのは簡単ですが、実際には、どんなに工夫し、どんなに努力しても越えられないこともある高い峰です。

でも、子どもと気持ちを分け合い、子どもに学びながら、いっしょに歩きつづけていると、いつか、ことばの力がほんとうに生きる時がくるのかもしれない。どんなに困難に見えても、そう信じて、毎日の暮らしを着実に積み重ねていきましょう。いろいろに悩みながらも、可能性を信じて努力する、今のこの一瞬こそが、たぶん、私たちと子どもたちにとっての未来なのですから。

おわりに
（初版・1986 年）

　今春、5年生になった私の長男は、アレルギー体質です。赤ちゃんのころから、ひどい喘息と湿疹に悩まされてきました。

　アレルギーについては一流と言われる病院に、ずっと通っていました。アレルギーの値をはかるという血液検査で、「こんなにすごい値の出る子は、はじめてだ」と言われました。「親ごさんがそんなふうだから、なかなかよくならないんですよ」とも叱られました。

　5歳すぎ、たまたまかかった別の個人病院で、「これだけアレルギーの値が高いのに、喘息の症状は軽いほうですね」と言われました。「精神的には強い子だと思うのですが、そのおかげでしょうか」とたずねると、先生はニコッと笑って、「親ごさんの育て方が、間違っていないからでしょう」とおっしゃいました。

　私の育て方で間違っていない……！

　その後、いろいろな局面で、子どもを育てあぐねる時、このことばがどんなにか私の支えになってくれたことでしょう。

　世の中にたったひとりでも、自分のやり方を認めてくれる人がいれば、どんな困難にも耐えられる、と心底思いました。

　「それではだめだ」「もっとがんばれ」「親ごさんがしっかりしなくては」と、叱咤激励されることばかりが多い、障害児の親ごさんたちです。

私は、その親ごさんたちに、「そのままのあなたでいいんですよ。りっぱですよ」と言いつづけてきました。私には、ほんとうにそう思えるからです。でも、「こうしたら、もっといいのではないかしら」と思うことをつけ加えることも、たびたびでした。

　人を育てる、ことばを伸ばす、ということについては、さまざまな考え方、やり方があります。「こうするのが正しい」とか「こうすれば、ことばが出る」というほどの自信は、私には、ありません。ひとつのやり方への自信をもってしまったその時から、私たちの仕事の堕落が始まる、という気すらします。

　私がこの本で書いたのは、「こうすれば、もっといいのではないか」「こう考えると、もっとわかりやすいのではないか」という、ひとりの「ことばの先生」の考えにすぎません。どうか、うのみにしないで、ほんとうに納得できるかどうか、ご自分にひきよせて考えてみてください。

　生来怠けものの私に、月刊『発達教育』への連載を引き受けさせてしまった発達協会の皆さん、いつも大幅に遅れる原稿を、しんぼう強く待っていてくださった倉持親優さん、ありがとうございました。
　「読んでますよ」と声をかけてくださった、『発達教育』の読者の皆さん、ありがとうございました。原稿用紙に向かいながら、読者の顔をひとりずつ思いうかべることができたことは、なにものにも

代えがたい励ましでした。

　子育ての実験台になってくれている、二人の子ども、敦と悠にも、ここで、ありがとうを言っておきます。

　そして、いちいちお名前はあげませんが、私に貴重な出会いをもたらしてくださった、多くの方々と子どもたちに、心からお礼を申し上げます。あなたに会うことなしに、今日の私は存在しなかったでしょう。

　最後に、『発達教育』に連載した大量の文章を、もつれた毛糸玉をほどくように、ひとつずつときほぐし、分類・整理し、一冊の本にまとめてくださった、「ぶどう社」の市毛研一郎さんに、心から感謝します。素材としての文章は私のものですが、作品としてのこの本は、ほとんど市毛さんの力によってできました。

1986 年 5 月　中川信子

《もっと知りたい方におすすめの本》

● 子どもの発達とことばについて
・『はじめて出会う育児の百科』汐見稔幸・榊原洋一・中川信子編 / 小学館 /2003 年
　（胎児期から 6 歳までの子どものからだ・こころ・ことばの育ちを解説）
・『ことばの発達入門』秦野悦子編 / 大修館書店 /2001 年
　（ことばの発達の全体を知る入門書）
・『子どものこころとことばの育ち』中川信子著 / 大月書店 /2003 年
・『1.2. 3 歳ことばの遅い子』中川信子著 / ぶどう社 /1999 年
　（障害やことばの心配、子どもの育ちについて）
・『「語りかけ」育児』サリー・ウォード著 / 小学館 /2001 年
　（イギリスのＳＴによることば育ての名著）
・『コミック版　わが子の発達に合わせた語りかけ育児』中川信子監修 / 小学館
　/2020 年
　（「語りかけ育児」のコミック版）

● 脳のはたらきとことばについて
・『脳の話』時実利彦著 / 岩波新書 /1962 年
　（古びている箇所もありますがいまだ入門書として通用する不朽の名著）
・『脳とことば －言語の神経機構』岩田誠著 / 共立出版 /1996 年
　（脳とことばの関係について一般向けに書かれている）

● ＳＴの仕事や役割について
・『DVD言語聴覚士ってどんな仕事？』一般社団法人日本言語聴覚士協会
　（https://www.japanslht.or.jp） / （株）エスコアール
・『言語聴覚士まるごとガイドー資格のとりかた・しごとのすべて』
　　一般社団法人日本言語聴覚士協会監修 / ミネルヴァ書房 /2003 年

・『言語聴覚士になろう！』みやのひろ著 / 青弓社 /2021 年

・『発達障害とことばの相談－子どもの育ちを支える言語聴覚士のアプローチ』

中川信子著 / 小学館 101 新書 /2009 年

（子ども分野の言語聴覚士としての子どもの見方とはたらき方）

● 感覚統合の考え方について

・『育てにくい子にはわけがある－感覚統合が教えてくれたこと』木村順著 /

大月書店 /2006 年

（感覚統合の考え方の最初の入門に適した読み物ふうの本）

・『子どもの発達と感覚統合』エアーズ著 / 協同医書出版 /1982 年

（エアーズによる感覚統合の考え方の教科書的な本）

・『乳幼児期の感覚統合遊び』加藤寿宏監修 / クリエイツかもがわ /2016 年

（感覚統合を分かりやすく解説し、子どもの発達をうながす感覚遊びを紹介）

● 集団の中での「ちょっと気になる子」（発達障害の可能性のある子）
　について

・『保育園・幼稚園のちょっと気になる子』中川信子著 / ぶどう社 /2020 年

・『気になる子の本当の発達支援（これからの保育シリーズ)』市川奈緒子 /

風鳴舎 /2017 年

● ことばの育ちを助ける遊びや、おもちゃ

・『ことばをひきだす親子あそび』寺田奈々著 / 小学館 /2022 年

・『発達障害＆グレーゾーン幼児のことばを引き出す遊び 53』寺田奈々著 /

誠文堂新光社 /2023 年

著 者

中川　信子（なかがわ のぶこ）

言語聴覚士（ST）

1948 年東京生まれ
長年にわたり幼児のことばや発達の相談事業に従事。
現在は、東京都狛江市の特別支援教育巡回専門家チームの一員として、
市内の小中学校の巡回を行っている。
子どもの発達支援を考えるＳＴの会代表。

2022 年　母子保健事業功労者として「厚生労働大臣表彰受賞」

著書
『心をことばにのせて』『健診とことばの相談』『1・2・3 歳ことばの遅い子』
『保育園・幼稚園のちょっと気になる子』（ぶどう社）
『子どものこころとことばの育ち』（大月書店）
『発達障害とことばの相談』（小学館 101 新書）など

監修など
『はじめて出会う育児の百科』『「語りかけ」育児』（小学館）
『発達障害の子を育てる親の気持ちと向き合う』（金子書房）

ホームページ「そらとも広場」http://www.soratomo.jp

X(旧 Twitter) 子ども分野の言語聴覚士 (@mint93791876)

ことばをはぐくむ【新装版】
発達に遅れのある子どもたちのために

著　者　　中川　信子

初版印刷　　2024 年 2 月 10 日

発行所　ぶどう社
編集／市毛 研一郎・市毛さやか
〒 154-0011　東京都世田谷区上馬 2-26-6-203
TEL 03（5779）3844　FAX 03（3414）3911
ホームページ　http://www.budousha.co.jp

印刷・製本／モリモト印刷